Ulrich Wickert

Freiheit, die ich fürchte

Der Staat entmachtet seine Bürger

WILHELM HEYNE VERLAG
MÜNCHEN

HEYNE SACHBUCH
Nr. 19/271

Der Titel erschien bereits 1981
im Athenäum Verlag, Königstein/Ts.

Erweiterte Taschenbuchausgabe im Wilhelm Heyne Verlag
GmbH & Co. KG, München

Printed in Germany 1995
Umschlagillustration: Thomas & Thomas, Hamburg, Lüders
Umschlaggestaltung: Atelier Adolf Bachmann, Reischach
Satz: MPM, Wasserburg
Druck und Verarbeitung: Ebner Ulm

ISBN 3-453-07022-4

HEYNE BÜCHER
SACHBUCH

Von Ulrich Wickert sind außerdem als Taschenbuch erschienen:

Frankreich · *Band 19/161*
Weltblicke · *Band 19/189*
Angst vor Deutschland · *Band 19/221*
Und Gott schuf Paris · *Band 19/336*

Inhalt

Vorwort zur Taschenbuchausgabe

Ursprünglich schwebte mir während der Arbeit an diesem Buch als Titel »Die hygienische Gesellschaft« vor. Vermutlich hatte mich K. A. Wittfogels Begriff von der »despotischen« Gesellschaft auf diesen Begriff gebracht. Wittfogel analysiert eine vom Wasser abhängige Gesellschaft, die zur gerechten Verteilung des kostbaren Naß eine Bürokratie aufbaut. Und um möglichst gerecht jeden Tropfen weiterzuleiten, richtet sie einen despotischen Beamtenstaat ein. Nun hatte ich, als das Buch 1980/81 entstand, das Gefühl, der Staat nehme – ähnlich wie in Wittfogels Analyse – überhand und versuche das Leben in der Gesellschaft so zu reglementieren, daß eines Tages alles bestens, ja perfekt, organisiert sein würde. Alles Leben würde so vollendet eingerichtet sein, daß beim Verwalten der Bürger keine Reibungsverluste mehr entstünden. Vorschriften und Tabus bestimmten das Verhalten der Bürger so vollkommen, daß bürokratische Handlungen wie in einem Operationssaal mit dem Skalpell vorgenommen würden. Störende Keime (der Bürokratie entgegengesetzte und damit den perfekten Ablauf störende Ideen) wären der Hygiene des Operationssaals zum Opfer gefallen. Kein Sand, nicht einmal ein Staubkorn störte das Getriebe. Das Unbehagen an dieser Vorstellung drängte mich dazu, die hier angestellten Überlegungen niederzuschreiben.

Die Zeit, in der dieses Buch entstand, war wieder einmal ein Moment des Umbruchs. In den sechziger Jahren spielte sich die Kulturrevolution ab, die heute mit dem Datum 1968 verbunden wird. Tatsächlich begann der gedankliche Aufbruch früher. Anfang der sechziger Jahre setzte an den Universitäten die Debatte über eine Hochschulreform ein. Testate abschaffen, bessere Studienbedingungen lauteten die – aus heutiger Sicht – äußerst braven Forderungen. Das Streben nach einer Hochschulreform ging einseitig von den Studenten aus; tatsächlich äußerte sich der Wunsch nach Besserungen in dem Zeitpunkt, an dem sich der Massenandrang an den Universitäten so steigerte, daß Schwierigkeiten auftraten. Der Wunsch, den Vorlesungsbetrieb umzugestalten, das Verlangen, die Hörer – also die Studenten – mitbestimmen zu lassen, die Notwendigkeit, die Testat- und Prüfungsbürokratie zu vereinfachen, waren Ausfluß eines – im Entstehen begriffenen – funktionellen und demokratischen, auch antiautoritären und kritischen Denkens der Studenten. Das Verständnis der Professoren, an die sich die reformfreudigen Studenten wandten, war trotz langer Diskussionen nicht zu wecken, die Parteipolitiker schwiegen. Die Studenten hatten den Eindruck, daß die Reform unterdrückt werden sollte. Sie glaubten aber an die Berechtigung ihrer Argumente und kamen zu dem Schluß: die Krise der Universität konnte nicht behoben werden, solange die Gesellschaft dazu nicht gezwungen würde.

Nun hatten die Studenten Anfang der 60er Jahre die Erfahrung gemacht, daß das »Establishment« nichts so fürchtete, wie Nazi gewesen zu sein. Es war auch nicht schwer, diejenigen Rektoren, Dekane und Professoren zu »entlarven« – wie es damals hieß –, die sich im Dritten Reich hervorgetan hatten. Angriffe in den Studentenzeitschriften untergruben so die bisher unangetastete Autorität der Professoren, und Tageszeitungen und Wochenblätter, besonders die Frankfurter Rundschau und das Feuilleton von DIE ZEIT unter Leitung von Rudolf-Walter Leonhardt, griffen die Anschuldigungen mit Vorliebe auf.

Im Spätherbst 1964 ereignete sich in Bonn ein Vorfall,

der das Verhalten der Universität charakteristisch belegte. Der eigentliche sachliche und politische Kern der Auseinandersetzung mit der braunen Vergangenheit wurde verdrängt durch einen moralisierenden Streit um das persönliche Versagen und die individuelle Schuld von Professoren. Der Publizist Walter Boehlich hatte in einem Artikel in DIE ZEIT* die Frage aufgeworfen, ob der neugewählte Rektor, der Germanist Hugo Moser, in dieser Funktion an der Bonner Universität auf dem rechten Platz sei. Moser hätte, so warf ihm Boehlich vor, als Vierundzwanzigjähriger die Erziehung zum völkischen Menschen propagiert und in seinen Veröffentlichungen noch nach 1945 nationalsozialistische Terminologie anklingen lassen. Die zentrale Frage des Artikels von Boehlich war das Aufzeigen eines möglichen Zusammenhangs, der zwischen dem Fehlverhalten der deutschen Hochschulen vor und nach 1933 und ihrer restaurativen Fehlentwicklung nach 1945 bestand. Damals führte eine Nazi-Vergangenheit nur bei größter Verfehlung zu Konsequenzen. Anders in den achtziger Jahren, als allein die nochmalige Veröffentlichung der allen Beteiligten bekannten Tatsache, daß der Journalist Werner Höfer während des Dritten Reiches als junger Mann einen inkriminierenden Artikel geschrieben hatte, dazu führte, daß der als demokratischer, kritischer Journalist ausgewiesene Höfer seine politische Fernsehsendung »Der Frühschoppen« aufgeben mußte. Hugo Moser wurde von seinen Kollegen in Schutz genommen. Drei Tage nach der Veröffentlichung von Boehlichs Artikel trat in Bonn ein – nicht satzungsgemäß zusammengekommenes – Gremium von Professoren zusammen und sprach dem Rektor das »Vertrauen« aus, nachdem eine Sonderkommission, der nicht weniger als fünf Vorgänger des Rektors angehör-

* DIE ZEIT vom 23. 10. 1964

ten, den Gegenstand der Vorwürfe untersucht hatte. Ein Satz aus dieser Erklärung ist berüchtigt geworden; denn es hieß, jene Äußerungen Mosers, die Boehlich zitierte und angriff, hätten sich nicht über die »zeitbedingte Diktion« und »über das Maß des damals Üblichen und mitunter sogar Notwendigen« hinausbewegt. Nur zwei profilierte Professoren, der Romanist Harri Meier und der Germanist Richard Alewyn, distanzierten sich öffentlich.

Ein Teil der Studentenschaft gab sich mit der Erklärung der Professoren nicht zufrieden, doch die Universität unterdrückte eine offene Diskussion. Ein Jahr später – 1965 – gelangten Berichte eines Assistenten an die Öffentlichkeit, die den Bonner Luftfahrtmediziner Professor Siegfried Ruff schwer belasteten. Auf Nachforschungen hin schrieb mir, als Mitglied des Bonner Studentenparlaments, Professor Alexander Mitscherlich, der über Mediziner im Dritten Reich geforscht hatte: »Professor Ruff war Zeuge von sogenannten ›terminalen‹ Versuchen, d. h. Menschenversuchen, die auf die Tötung des Opfers hin angelegt waren ... Aus diesem Grund halte ich es für unerträglich, daß ein Mann wie Professor Ruff an einer unserer Universitäten mit Lehre beauftragt ist.« Die Universität reagierte nicht auf die Frage der Studenten, ob sich auch das mit dem »damals Üblichen« entschuldigen ließe; aber inzwischen handelten die Studenten ein wenig politischer und demonstrierten solange an Ruffs Institut, bis er von sich aus den Lehrauftrag zurückgab.

Jetzt erst zeigte sich die Universität auf Druck der Studenten bereit, eine Ringvorlesung über die Universität im Dritten Reich einzurichten. In der folgenden Zeit drängten die politisch aktiven Studenten immer stärker auf eine Hochschulreform und demokratische Rechte, auf Mitbestimmung, doch wurden ihre Forderungen abgelehnt. Als der Mai 1968 anbrach, war Benno Ohnesorg während der

Anti-Schah-Demonstrationen in Berlin von einem Polizisten erschossen, war Rudi Dutschke durch eine Kugel schwer verwundet worden. Doch die erste Phase der Studentenrevolution war in Deutschland schon zu Ende, als sie nach Paris überschwappte. Dort wurde fast der Staatspräsident Charles de Gaulle gestürzt. Und die Gewalt, mit der die Straßenkämpfe in Paris ausgetragen wurden, führte dazu, daß auch in Deutschland das Jahr 1968 als Zeitpunkt für die kulturellen Veränderungen angenommen wird, die sich schon in den Jahren zuvor angebahnt hatten. 1968 mehrten sich in Deutschland die Stimmen, die nach einem anderen Mittel als Diskussion und Demonstration suchten, um die Verwirklichung der Utopie von einer besseren Welt einzulösen. Rudi Dutschke schlug den »Weg durch die Institutionen« vor, und viele gingen ihn. Doch andere waren vom Erfolg dieses Weges nicht überzeugt und wandten sich der Gewalt zu, revolutionärer natürlich.

Die in den siebziger Jahren folgende Auseinandersetzung um die Veränderung der Gesellschaft wurde von zwei Dingen bestimmt: zum einen von dem, was zunächst »Baader-Meinhof-Bande« genannt wurde, also dem Terrorismus der Roten Armee Fraktion mit Morden und Raubüberfällen, und zum zweiten von den Folgen der Zulassung der DKP im Jahr 1968. Die Kommunistische Partei Deutschlands war 1956 verboten worden (obwohl sie in der letzten Wahl 1953 nur noch 2,2 Prozent der Stimmen erhalten hatte), doch als Folge der Entspannungspolitik ließ die Bundesregierung – als Geste gegenüber der Sowjetunion – eine neue kommunistische Partei zu. Die DKP war für manche der institutionalisierte Weg zur politischen Arbeit, um die gerechtere Gesellschaft zu verwirklichen. Die DKP hatte nichts mit dem anarchistischen Terrorismus gemein, eher schon mit dem »Weg durch die Institutionen«.

Gegenüber dem Terrorismus reagierte der Staat mit Gesetzen und einer unglaublichen Verstärkung des Polizeiapparats. Gegen die DKP gingen Bundes- und Landesregierungen mit dem vor, was zunächst Berufsverbot genannt wurde (selbst ein Lokomotivführer durfte nicht Mitglied der DKP sein), was aber durch die Anwendung von sprachlichen »Reinigungsmitteln« in Radikalenerlaß umbenannt wurde. Von »Reinigungsmitteln« spreche ich deshalb, weil nur mittels Verboten und Tabus die sprachlichen Begriffe der Gesellschaft in einen »hygienischen«, also keimfreien Zustand versetzt werden kann. Nach dem Motto: Was stört, darf auch nicht ausgedrückt werden. Im geistigen Klima dieser Vorgänge in den siebziger Jahren ist das Buch »Freiheit, die ich fürchte« entstanden.

Zu dem Titel kam es, wie es immer so ist: der Verleger Dietrich Pinkerneil meinte – wahrscheinlich zu Recht –, unter »hygienischer Gesellschaft« könne sich der Leser (sprich: Käufer) im ersten Augenblick wenig oder gar das Falsche vorstellen. Also suchten wir einen neuen. Von der »Freiheit, die ich meine« waren wir plötzlich bei der »Freiheit, die ich fürchte«. Das Wort: »Freiheit, die ich meine« – also die ich anstrebe – ist so berühmt, daß es meist dem als kritisch bekannten, ebenfalls berühmten Autor von »Denk ich an Deutschland in der Nacht …« zugeordnet wird, nämlich Heinrich Heine. Aber auch sein »Denk ich …« wird meist völlig falsch benutzt – denn Heine denkt an seine Mutter! »Freiheit, die ich meine …« stammt aus dem Lied »Freiheit« von Max von Schenkendorf, der es 1813 zur Zeit der Freiheitskriege gegen die Herrschaft Napoleons dichtete. Die Freiheit, die der Autor dieses Buches meint, entsprach nicht der politischen Wirklichkeit Ende der siebziger, Anfang der achtziger Jahre. So ließ sich etwa der Radikalenerlaß, der die Freiheit schützen sollte, besser mit dem Satz von Goethe verbinden:

»Wie man denn niemals mehr von Freiheit reden hört, als wenn eine Partei die andere unterjochen will ... Freiheit ist die leise Parole heimlich Verschworener, das laute Feldgeschrei der öffentlich Umwälzenden, ja das Losungswort der Despotie selbst, wenn sie die unterjochte Masse gegen den Feind anführt und ihr von auswärtigem Druck Erlösung auf alle Zeiten verspricht.«* Und traf das nicht auch auf Schenkendorfs Verse zu? Das aber ist nicht die Freiheit an sich, sondern die Freiheit als Leerformel, als Mittel der politischen Demagogie, um in Wirklichkeit zu unterdrücken: eine Freiheit, die ich fürchte.

Hamburg, im Frühjahr 1995 *Ulrich Wickert*

* Johann Wolfgang von Goethe: Westöstlicher Divan, Nachtrag, in: Goethes Werke, Hamburger Ausgabe, 14. Aufl. 1989, Bd. 2, S. 175

Zur Lage der vereinten Nation

Der wesentliche Unterschied zur Lage im Jahr 1980 und heute ist das Ende des Kalten Krieges und die Vereinigung von DDR und BRD zu einem Deutschland. Damit ist nicht nur das gegenseitige Feindbild verschwunden, sondern auch ein großer Teil dessen, was zur Definition der jeweils eigenen Identität gehörte. Doch es hat sich nicht nur die Situation für Ost- und West-Deutschland verändert, sondern für die ganze Welt. Mit dem Wegfall dessen, was der amerikanische Präsident Ronald Reagan das »Reich des Bösen« nannte, ist für die westlichen wie auch die östlichen Länder eine neue Etappe in der geschichtlichen Entwicklung eingetreten. Die östlichen Länder haben es dabei schwerer, denn ihr System brach zuerst ideell und dann auch noch wirtschaftlich zusammen. Nun müssen die Menschen dort in beiden Bereichen, die das tägliche Leben weitgehend bestimmen, neue Richtlinien erarbeiten.

Durch mehrere Faktoren hat sich in den siebziger Jahren in fast allen westlichen Industrienationen ein Wertewandel vollzogen*, der sich am Ende des neunten Jahrzehnts des 20. Jahrhunderts auf Grund der veränderten Weltlage erheblich bemerkbar macht. Der eine Faktor, der zu dem Wertewandel führte, ist der ständig steigende Wohlstand, der es dem einzelnen ermöglicht, frei von anderen sozialen Bindungen dem Hedonismus zu frönen, also nur das zu tun, wozu er Lust hat. Der andere Faktor ist das

* Siehe Ronald Inglehart: The Silent Revolution, Princeton 1977; (dt.) Kultureller Umbruch, Frankfurt/New York 1989

Verschwinden des äußeren Feindes, über den man sich selbst definierte: das jeweils eigene System wurde als gut, das jeweils feindliche als böse angesehen. Die Unterscheidung zwischen Gut und Böse ist aber die Grundlage der Moral einer jeden Gesellschaft. Die Suche nach einer neuen Definition seiner selbst trifft die Menschen in den USA genau so wie die in Rußland. Besonders schwer müßte dies jedoch denjenigen fallen, die zwar »Brüder und Schwestern« sind, sich aber vierzig Jahre lang, durch den Eisernen Vorhang getrennt, militärisch und ideologisch schwer bewaffnet gegenüberstanden. Sie waren jedoch – so stellt sich jetzt heraus – wirklich »programmierte Brüder«*. Als habe auch sie einen »hygienischen Staat« herstellen wollen, hat die Staatssicherheit der DDR soweit wie möglich das ganze Leben der Bevölkerung überwacht, brav bürokratisch aufgezeichnet und die Akten weitgehend verwahrt. Man muß sich vorstellen, daß selbst nach der Wende noch die Akten von Menschen mit Vermerken versehen wurden, wonach sie im Fall einer Krise in Lager eingesperrt werden sollten. Und den Vorwurf, parteipolitische Praktiken wie in der SED auch in West-Deutschland geduldet zu haben, konnten sich westdeutsche Politiker nun machen, nachdem es die SED nicht mehr gab. So geschah es auch, nachdem das Hamburger Verfassungsgericht die Bürgerschaftswahl des Jahres 1993 für ungültig erklärte, weil die CDU ihre Kandidaten mit einem Blockwahlsystem aufstellten, die keine wirkliche Wahl erlaubten: nun warf nicht nur die SPD, sondern auch manch ein CDU-Abtrünniger den Christdemokraten vor, sie handhabe SED-Methoden.

Mit dem Wegfall des Kalten Krieges hat sich in West-Deutschland auch die Parteienlandschaft verändert. Die

* Siehe das Kapitel: Programmierte Brüder S. 195

SPD war 1982 im Amt verschlissen. Die sozialdemokratische Partei führte durch ihr Verhalten mittelbar den Sturz ihres Kanzlers Helmut Schmidt selbst herbei. Davon hat sie sich bis Mitte der neunziger Jahre nicht erholt. Zu einer Zeit, in der sich alle neu definieren müssen, gelang es den beiden sich bekämpfenden Flügeln innerhalb der SPD nicht, sich auf Ziele zu einigen, mit denen sich Wahlen gewinnen lassen. Im April 1995 beklagte Hamburgs Erster Bürgermeister Henning Voscherau äußerst selbstkritisch den Zustand seiner Partei: »Ich empfinde die Unfähigkeit zu solidarischer gemeinsamer Führung als das größte Problem der SPD. Die Gruppe der Willy-Brandt-Enkel ist zu einer solchen Leistung in den letzten 15 Jahren unfähig gewesen.«*

Statt dessen gelang es der CDU, die nach zwei Legislaturperioden an der Macht Ende der achtziger Jahre ausgebrannt wirkte, mit der Wende wieder Luft zu schöpfen und sich – besonders nach der gewonnenen Wahl 1994 – neu zu positionieren. Alle Versuche, konservative »Alternativ«-Parteien zu längerfristigem Leben zu erwecken, scheiterten: sowohl die Hamburger Statt-Partei, die bei den Bürgerschaftswahlen 1994 einen enormen Erfolg hatte, wie auch die Anti-Maastricht-Partei Bund Freier Bürger spielten bei der Bundestagswahl 1994 keine Rolle mehr.

Mit der Vereinigung hätte – theoretisch – die Möglichkeit einer politischen Neuordnung in ganz Deutschland bestanden. Doch die politische Bevormundung durch den Westen gab dem Osten keine Chance. Die politische und bürokratische Wirklichkeit des Westens wurde dem Osten übergestülpt: wenn nicht West-Politiker gleich die Posten im Osten besetzten, dann wurden zumindest den Ost-Politikern West-Berater zur Seite gestellt. West-Politiker

* In: Die Woche vom 13. 4. 1995, S. 6

brachten auch ihre Unarten in den Osten: nämlich den Drang, sich selbst gut zu versorgen. Ob es nun West-Politiker wie der ehemalige Ministerpräsident von Sachsen-Anhalt Werner Münch oder Ost-Politiker wie der ehemalige Bundesverkehrsminister Günther Krause waren, sie glaubten, ihre Ämter würden sie über andere erheben. Weil aus der Sicht der meisten West-Politiker, die tief antikommunistisch und besonders negativ gegenüber dem DDR-System eingestellt waren, das ostdeutsche System grundsätzlich schlecht sein mußte, wurde auch das beseitigt, was sozial einen großen Wert hatte: Kindergärten, Jugendheime. Gerade die Einrichtungen, die den Menschen in einer Zeit der großen inneren Unsicherheit hätten helfen können, wurden mit dem Argument, es sei kein Geld vorhanden, eingestellt. Einrichtungen, die möglicherweise Ost-Denken hätten am Leben halten können, waren unerwünscht, weil sie Sand im Getriebe des West-Funktionierens gewesen wären. Allerdings war es eine kluge Entscheidung, die Gauck-Behörde einzurichten. Damit wurden Auseinandersetzungen über die Frage der Verantwortung verhindert, wie sie in den sechziger Jahren stattfanden zwischen der Nachkriegsgeneration und der Generation, die im Dritten Reich gelebt hatte.

Der wesentliche Wandel in der Zeit nach der Wende fand deshalb nicht durch politische Impulse aus dem hinzugekommenen Osten statt, trotz der PDS, sondern durch einen Wandel der Grünen, den 1980 wohl niemand vorherzusehen wagte.* Zwar zwangen die Grünen den etablierten Volksparteien ökologische Programmpunkte auf, doch sie drohten an den sich selbst gestellten, »edlen« Maßstäben zu scheitern. Die Rotation im Amt sollte verhindern, daß sich politische Stars herauskristallisieren,

* Siehe das Kapitel: Die Neue Opposition S. 199

und sie war einer der Gründe, weshalb die Grünen wieder aus dem Bundestag verschwanden. Ihr Programm war – und ist auch noch – in einigen Teilen wirr und fundamentalistisch, doch einige Personen wie die Vizepräsidentin des Deutschen Bundestages, Antje Vollmer, und der Fraktionsvorsitzende der Grünen, Joschka Fischer, strahlen für viele Vertrauen aus und verkörpern einen neuen Typus Politiker, den inzwischen auch etablierte, sozialdemokratische oder liberale Wähler attraktiv finden. Und die Zusammenarbeit zwischen CDU und Grünen, ob in nur einem Fall im Bundestag, ob in anderen Fällen auf kommunaler Ebene, vermittelt den Grünen plötzlich einen seriösen Anstrich. Die Macht lockt auch sie, so daß sie bereit sind, inhaltliche Positionen aufzugeben, um an Macht zu gewinnen. Wer Joschka Fischers Begründung hört, weshalb er eine Reform des Bundestages ablehnt, der glaubt einen »wertkonservativen« CSU-Politiker zu hören. Mit dem politischen System sei die Bundesrepublik in den letzten fünfzig Jahren doch »hervorragend gefahren«. Dieser Drang an die Macht verpflichtet auch zur Übernahme »klassischer« Ressorts in der Politik. Zum ersten Mal stellen die Grünen seit Frühjahr 1995 einen Justizminister – im Lande Hessen. Die Übernahme dieses Amtes begründete der ehemalige hessische Umweltminister Rupert von Plottnitz so: »Mich reizt, daß wir uns jetzt in ein Aktionsfeld begeben, das für uns selbst vielleicht, aber vor allem in der öffentlichen Wahrnehmung unserer Partei bisher als eher artfremd galt.«*

Völlig verschwunden ist dagegen jener Gegensatz, mit dem »Freiheit, die ich fürchte« 1980 begann, nämlich der zwischen den Fünfzigjährigen und den Zwanzigjährigen. Er galt damals auch nur in der Verallgemeinerung und

* In: Frankfurter Rundschau vom 5. 4. 1995, S. 8

bezog sich mehr auf die Denkstrukturen aus der jeweiligen Biographie (Kriegsteilnehmer die einen – Wohlstandskinder die anderen) als auf das Geburtsdatum. Inzwischen sind selbst die Fünfzigjährigen Nachkriegs- und Wohlstandskinder.

Modell Deutschland – oder Zwangsstaat?*

In zwei Lager ist die Bundesrepublik gespalten. Die Fünfzigjährigen sehen sie als Musterland unter den großen westlichen Demokratien mit einer bisher nie gekannten politischen Übereinstimmung in der Bevölkerung, wirtschaftlicher Stabilität und weltpolitischem Drang nach Frieden und Freiheit. Dagegen glauben die Jugendlichen, die Zwanzigjährigen, in diesem Land nicht mehr atmen zu können, sie ersticken am Wohlstand, sprechen vom Zwangsstaat, und manche von ihnen suchen deshalb eine andere Möglichkeit zu leben - die Alternative. Beide beurteilen die gleiche Wirklichkeit, ohne zu verstehen, weshalb der andere ein dem eigenen genau entgegengesetztes Bild malt.

Was wirklich war, darüber streitet jeder Gespons beim Ehekrach, jeder Fahrer beim Autounfall. Denn die Wirklichkeit setzt sich aus so vielfältigen Facetten zusammen, daß derjenige, der versucht sie abzubilden, häufig eine zwar richtige, aber unwirkliche Darstellung enthüllt. Über dieses Phänomen haben sich unsere Philosophen seit Platos Höhlengleichnis ausgiebig die Köpfe zerbrochen.

In der Bundesrepublik wird jeden Abend während fünfzehn Minuten eine Wirklichkeit vorgeführt, die uns angeblich umgibt. Von der Tagesschau um zwanzig Uhr erfahren wir in häufig dramatischen Bildern von den Krisen dieser Welt. Wir hören und sehen von Streiks,

* Der nachfolgende Text ist unverändert, so wie er 1981 veröffentlicht wurde.

brennenden Autos, verhungernden, ertrinkenden und jammernden Menschen – besonders mitleiderheischend von Frauen und Kindern. Abgebildet werden die Schreckensszenen in Palcolor – heute noch auf der Mattscheibe, bald können wir sie vergrößert auf der Filmleinwand im Wohnzimmer sehen. Dargestellt werden die Akte der eine Minute dreißig Sekunden dauernden Kurzfilme von den »Insassen« der Länder Afrikas, Südamerikas oder des Orients.

Schon mit der Wetterkarte endet diese Wirklichkeit, wir fallen zurück in den Sessel des trotz Ölkrise gut geheizten Wohnzimmers, und uns wird noch nicht einmal bewußt, welch großartige Erfindungen erlauben, die Ereignisse des Tages aus allen Ecken der Welt zusammenzutragen. Die Elektronik, die uns die Einblicke ins Erdendasein ermöglicht, nehmen wir als gegeben hin, sind wir doch an die Ergebnisse des technischen Fortschritts gewöhnt.

Wir lehnen uns also zurück, geben uns zufrieden, denn die eben vorgespielte Wirklichkeit spiegelt nicht das wider, was wir täglich erfahren. Trotz weltweiter Krise hat sich unsere Wirtschaft erstaunlich stabil gezeigt. Die Mark blieb trotz Schwankungen stark auf den Devisenmärkten von Frankfurt bis Tokio, die Ausfuhren gingen nicht wie befürchtet zurück, Made in Germany bürgt eben für Wertarbeit und wird pünktlich geliefert. Fallen Reparaturen an oder werden Ersatzteile benötigt, kann man sicher sein, daß alles prompt erledigt wird. Der ausländische Käufer nimmt deshalb den etwas höheren Preis in Kauf.

Hat die Ölkrise in den Vereinigten Staaten, in Japan und Frankreich die Inflation über zehn Prozent gesteigert, sind Arbeitslosenquoten von über sechs, sieben Prozent in anderen Industrieländern die unterste Schwelle, können wir uns nicht beklagen. Wer heute aus Frankreich, dem Land, das auf der Weltskala immerhin den dritten Platz unter den Exportländern einnimmt, nach Deutschland fährt, dem fällt der Wohlstandsunterschied auf: In der Bundesrepublik lebt man besser, fährt man größere und neuere Autos, liegen die Einkommen höher, kann man mehr Geld für den Urlaub ausgeben – im Lebensstandard haben wir die Franzosen längst übertroffen. Kein Wunder also, wenn die Franzosen, deren politischen Urteilssinn wir Deutsche gern loben (und vor deren Kritik wir uns so fürchten), sich als Ziel für das Ende des zwanzigsten Jahrhunderts das »Modell Deutschland« gewählt haben.

Wenn wir diese Facette unserer Wirklichkeit betrachten, könnten wir uns wirklich zurücklehnen – doch auch dieses Bild spiegelt nicht unser tägliches »Ambiente« wider – denn so erscheint die Bundesrepublik nur demjenigen, der von außen schaut. Uns, die wir nach innen blicken, stellt sich ein anderer Zustand dar.

Die Jugend lacht nicht mehr, bemerkt eine Mutter, es werden keine Liebesgeschichten mehr geschrieben, beklagen beide deutschen Kulturpäpste, Marcel Reich-Ranicki und Fritz J. Raddatz, gleichzeitig, vor Alternativgruppen, vor Grünen erschrecken Parteipolitiker – als Zeitalter der Angst bezeichnet ein Soziologe das zwanzigste Jahrhundert.

Eine Anhäufung solch niederschmetternder Urteile war vor zwanzig Jahren kaum vorstellbar, doch inzwischen wuchs eine neue Generation heran, nicht mehr geplagt von den Erinnerungen des Krieges, nicht belastet von Entbehrungen der Nachkriegszeit, nicht gewohnt an Sparsamkeit und Leistungswillen, von denen die fünfziger Jahre geprägt waren.

Betrachten wir den Lebenslauf eines 1930 Geborenen. Er hat noch die Nachwirkungen des Ersten Weltkriegs erlebt, entweder durch den Tod eines Onkels, des Großvaters oder in Erzählungen und Verhalten der Eltern. Das Dritte Reich und den Zweiten Weltkrieg, die Flucht aus dem

Osten und ihre Massengreuel machte er ebenso bewußt durch, wie die Nachkriegszeit mit Hunger und Kälte, aber auch mit Schuldgefühlen wegen der Naziverbrechen. 1950 feierte er seinen zwanzigsten Geburtstag. Wenn er studieren konnte, dann unter Entbehrungen, und wahrscheinlich half er, die Mauern seiner zerbombten Universität wieder aufzubauen; Korea, Ungarn weckten erneut die Kriegsängste, und als 1961 wirtschaftlich der Aufschwung geschafft war, drohte noch einmal mit dem Mauerbau in Berlin eine Wiederholung der Vergangenheit. Inzwischen besitzt er ein Auto, irgendwann wird der Bausparvertrag reif, vielleicht hat er geheiratet, und das erste Kind kam 1960 auf die Welt. Aus Angst vor den Unsicherheiten der Vergangenheit kennt er nur ein Ziel: Stabilität. »Innere Ordnung«, »Kampf gegen Arbeitslosigkeit und steigende Preise«, »Frieden« wird er als wichtigste politische Ziele äußern. Die früh erfahrenen Mängel und Entbehrungen haben seine Bedürfnisse geprägt. Er wird auch dann noch, wenn es ihm gut geht, wirtschaftlichen Gesichtspunkten und allgemein materialen Werten einen Vorrang einräumen. Und weil unsere politischen Parteien das Verhalten dieser für sie bedeutenden Wählergruppe kennen, werben sie, wenn sie an der Macht sind, mit dem Spruch »Keine Experimente« – einem Slogan, den die CDU-Regierung in den sechziger Jahren erfand, die SPD-Regierung in den Siebzigern übernahm. Denn »Keine Experimente« heißt ja auch bei der gleichen Regierung bleiben, Stabilität um jeden Preis. Der 1930 Geborene, heute etwa Fünfzigjährige, mißt das Leben in der Bundesrepublik an seiner persönlichen Erfahrung, an all dem, was er vorher gesehen hat, und stellt fest: die Bundesrepublik kann man ein Musterland nennen, wenn man über dies oder jenes gnädig hinwegsieht. Und es fällt ihm schwer, oder ist ihm gar unmöglich zu verstehen, wie man anders denken kann.

Wer dagegen erst 1960 geboren wurde, es könnte Tochter oder Sohn des heute Fünfzigjährigen sein, erlebte schon die Kindheit mit einem reichen Angebot von Spielzeug, der Wunsch nach einem Plattenspieler blieb wahrscheinlich als einzige Erinnerung aus dem Jahr 1968 übrig. Die Eltern befanden sich auf dem Weg zum Eigenheim oder zu einer größeren Wohnung, beim Mittagessen wurde nicht darüber gesprochen, ob man sich ein Auto, sondern ob man sich ein größeres, neueres, schöneres Auto leisten solle.

Mit zwanzig, in Selbständigkeit und Eigenverantwortung entlassen, öffnet der Jugendliche die Augen und stellt fest, daß alles ja schon da ist. Als ob es selbstverständlich sei, nimmt er die Befriedigung der primären Bedürfnisse wie Essen, Wohnen etc. hin, und statt sich über politische oder wirtschaftliche Stabilität Gedanken zu machen wie sein 1930 geborener Vater, wendet er sich postmaterialen, geistigen Werten zu. Er trifft den Wohlstand, den Überfluß als selbstverständliche Lebensgrundlage an, und – da er es nicht anders erfahren hat – betrachtet er den Zustand materieller Sicherheit als naturgegeben. Ihm steht der Sinn nicht in erster Linie nach Sachgütern, er strebt soziale und individuelle Selbstverwirklichung an: er möchte sich kreativ engagieren, spontan schöpferischen, kontemplativen Neigungen nachgehen, das verwirklichen, was er als »höhere Interessen« in der Schule gelernt hat.

Dieses Bedürfnis nach Selbstverwirklichung nimmt auch eine Änderung der wirtschaftlichen Lage in Kauf; an der Lebensqualität gemessen, gleicht das befriedigte geistige Bedürfnis einen verringerten materiellen Wohlstand aus. Da aber entsteht der Konflikt mit den Fünfzigjährigen – die heute regieren. Ihnen geht es nicht um höhere Werte, sondern einfach um Stabilität. Solche Einseitigkeit empfinden die Jugendlichen als Unterdrückung, und sie sprechen vom Zwangsstaat, wobei es auch ihnen schwerfällt zu verstehen, daß man anders denken kann als sie.

Was wir erleben, ist ein natürlicher gesellschaftlicher Vorgang. Wie die Natur nicht gleich bleibt, ändert auch der Mensch unter dem Einfluß sich wandelnder historischer Bedingungen seine Bedürfnisse, sein Weltbild und, daraus folgend, seine gesellschaftliche Organisation.

Bis zur Erfindung der Dampfmaschine waren unsere Vorstellungen von agrarständischen Werten geprägt, denn aus dem Boden bezogen wir die Grundlage unserer Existenz. Mit der Industrialisierung setzten wir die Maschine ein, um immer mehr Güter herzustellen. Neue Märkte öffneten sich, bisher unbekannte Produkte wurden erfunden, die noch nicht vorhandene Bedürfnisse weckten und eine wesentliche Umwandlung der gesellschaftlichen Beziehungen nötig machten. Die landwirtschaftliche Produktion verlor an Bedeutung, und eine Reihe von der Agrargesellschaft geprägter Werte verdrängten unsere Vorväter zugunsten kapitalistisch-individualistischer Lebensmaximen. Galt es vor hundert Jahren als unehrenhaft, Konkurs zu machen – und nahm man sich (was auch verrückt war) gegebenenfalls aus Ehrverlust das Leben –, gibt es heute Tausende von Konkursen ohne moralisch weitergehende Konsequenzen. Oder war es am Anfang des letzten Jahrhunderts staatlich verboten, für sein Geschäft oder gar für seine Waren zu werben, gilt Reklame heute als eine der Heiligen Kühe der Wettbewerbsgesellschaft, man darf sogar heftig übertreiben.

Es änderten sich die Produktionsmethoden, Reichtum füllte die Konten von Adel und Bürgertum, und der sich wandelnden Zeit paßten sich die Werte an, doch der den Zahlen nach größte Teil der Bevölkerung blieb von der materiellen Verbesserung ausgeschlossen. Bei Gerhart

Hauptmann, der 1912 den Literaturnobelpreis für seine Schilderungen der Lage der Arbeiterschaft erhielt, können wir nachlesen, daß der Kampf vor siebzig Jahren immer noch ums nackte Überleben ging.

Zum ersten Mal in unserer Geschichte befinden wir uns nach dem Wiederaufbau im Anschluß an den Zweiten Weltkrieg in der Lage, weitgehend dem ganzen Volk die Befriedigung der primären Bedürfnisse, Essen, Wohnen, Kleidung, usw. garantieren zu können. Ohne die Sorge um das tägliche Überleben hat besonders die nach 1960 in politischer und wirtschaftlicher Stabilität aufgewachsene Generation den Kopf frei für andere Gedanken, für die Suche nach neuen Lebensformen. Und denjenigen, die »postmateriale« Werte anstreben (das sind nicht, gewiß nicht nur die vor zwanzig Jahren Geborenen, sondern auch viele Ältere – besonders aus dem aufgeklärten bürgerlichen Lager –, die durch ihre humanistische Erziehung den »Sinn für Höheres« haben), bieten sich genügend Ideale an, wie Freiheit, Gerechtigkeit und Demokratie, an deren Verwirklichung mitzuarbeiten ein Leben ausfüllen kann. Das wäre der Wandel: nicht mehr für die Sicherung der Existenz, nicht mehr für das Anhäufen von Geld und materiellen Gütern zu arbeiten, sondern ideelle Werte zu verwirklichen.

Aber statt dessen: Die Jugend lacht nicht mehr, Liebesgeschichten werden nicht mehr geschrieben, viele flüchten in die Alternative. Und die sieht so aus: sechzigtausend Heroinsüchtige, fast zweihunderttausend Drogenabhängige (1979); sechshundert Drogentote in einem Jahr – eine Steigerung um das Achtfache innerhalb von fünf Jahren! Die Opfer – hauptsächlich Jugendliche. An Alkoholismus sind über eine Million Deutsche erkrankt, jeder vierte deutsche Student befindet sich in psychotherapeutischer Behandlung, über vier Millionen Bundesbürger fühlen sich ohne ihr tägliches Beruhigungsmittel wie Valium oder Librium dem Leben nicht mehr gewachsen. Andere wählen den Weg in indische Heilskommunen, in makrobiologische Gemeinschaftshöfe auf dem flachen Land oder aber »nur« ins politische Engagement bei den »Grünen«, ein Engagement, das den politischen Willen zur Änderung ausdrückt, den persönlichen Schritt aus der bestehenden Gesellschaft in die Alternative aber scheut.

Diese Erscheinungen sollten wir lernen, als Krankheitssymptome unserer Gesellschaft zu bewerten, die wie ein kurzes Fieber wieder verschwinden, sich aber auch zu einer handfesten Krise auswachsen können. Es sind Zeichen von Instabilität, deren letzte Ursache in dem Widerspruch zwischen den Bedürfnissen der Fünfzigjährigen und den anders gerichteten Neigungen der Zwanzigjährigen liegt. Den hier heranwachsenden Konflikt sollten wir schon deshalb ernst nehmen, weil heute bereits die Hälfte der Bevölkerung unseres Landes nach dem Krieg geboren ist.

Die Fünfzigjährigen haben die Bundesrepublik zu einem der bestfunktionierenden Staaten in der krisengeschüttelten Welt entwickelt. Das Grundgesetz mit seinem konstruktiven Mißtrauensvotum, das Wahlgesetz mit der Fünfprozentklausel, das Wählerverhalten mit dem Hang zu großen Mehrheiten haben politische Stabilität gewährleistet. Der Leistungswille der arbeitenden Bevölkerung, fehlende klassenkämpferische Auseinandersetzungen, usw.. haben die politische Stabilität um das Wirtschaftswunder ergänzt. Darauf bauen die Fünfzigjährigen ihren Stolz, das zu erhalten sehen sie als ihr Lebensziel.

Dem steht der Wunsch der Zwanzigjährigen gegenüber, unsere Gesellschaft in eine neue Richtung zu lenken, »postmateriale« Werte zur Not auch auf Kosten geringerer

Stabilität zu verwirklichen. Das aber setzt zum einen die Freiheit und zum zweiten den Willen zum Wandel voraus.

Nun werden politische und wirtschaftliche Abläufe nach dem Willen derjenigen, die auch heute die entscheidenden Posten innehaben, auf die Perfektionierung der Stabilität programmiert. Alle Parteien, so unterschiedliche Interessen sie auch vertreten mögen, stimmen darin überein, diese Politik für die Zukunft beizubehalten. Nur eines scheint manchmal noch wichtiger als die Stabilität – die Erhaltung (oder Erlangung) der Macht. Weil Regierung und Opposition sich bei Wahlen fast die Waage halten, ist der Kampf um die politische Vorherrschaft, um die Macht, um das entscheidende letzte Prozent besonders ausgeprägt. Und im Mittelpunkt gegenseitiger Vorwürfe wiederholt sich die Behauptung, der politische Gegner verstoße gegen das Stabilitätsprinzip, eine Todsünde nach der Glaubenslehre unserer Politiker. Politiker in der Opposition wünschen gar Instabilität herbei, um den Regierenden für unfähig, Stabilität zu bewahren, beschimpfen zu können, hoffend, die Wahlen dadurch zu gewinnen. Schon 1974 erklärte Franz Josef Strauß in seiner Sonthofener Rede als Strategie zum Wahlsieg, die CDU/CSU-Opposition solle »lieber eine weitere Inflationierung, weitere Steigerung der Arbeitslosigkeit, weitere Zerrüttung der Staatsfinanzen in Kauf nehmen« und damit dann die SPD/FDP-Regierung belasten, »als das anzuwenden, was wir als Rezept für notwendig halten«, anstatt also der Bevölkerung ihre Stabilität bewahren helfen, was der Regierung bei Wahlen gutgeschrieben würde.

Stabilität bedeutet aber auch den Gegensatz von Wandel. Wenn nämlich die Herrschenden (Regierung und Opposition) ihr ganzes Streben danach richten, die Gewährleistung der gesellschaftlichen Stabilität zu perfektionieren, dann entrücken sie dem Gedanken nach Wandel.

Der Wandel erscheint in ihrer Vorstellungswelt als ungesund. Gesellschaften wurden schon häufig von konservativen Betrachtern mit dem menschlichen Körper verglichen, so als liefe das Geschehen biologisch vorbestimmt ab, als habe der einzelne keine Möglichkeit, auf den Ablauf einzuwirken, ihn gar zu verändern. Als vernünftig erscheint es jedem, den Körper gesund zu halten, den Krankheiten (Krisen) vorzubeugen durch Sport, angemessene Ernährung, Vermeiden von Exzessen und was auch immer noch die Herren Doktoren als richtig verschreiben, um jedes Organ funktionstüchtig zu erhalten. Mens sana in corpore sano – hat man uns schon in der Schule gepredigt.

Wer nun unnatürliche (etwa durch ein geschichtliches Erlebnis ausgelöste) Angst hat, zu erkranken, also die körperliche Stabilität zu verlieren, der wird über das normale Maß hinaus allergisch auf all das reagieren, was einem Krankheitsträger ähnelt. Die Amerikaner waren für uns schon vor Jahren Witzfiguren wegen ihrer (unserer Meinung nach) übertriebenen Hygiene. Immer müssen sie sich waschen, die Schwimmbäder werden mit Chlor vollgepumpt, damit nur kein Keim darin leben kann. Von den Amerikanern haben wir dann gelernt, daß man bei der Tierhaltung höhere Ergebnisse erzielen kann, wenn man Krankheiten vorbeugt, indem man Kühen und Schweinen vorsorglich Antibiotika gibt. Krank sind die Tiere nicht, dennoch erhalten sie starke Medizin, aus Angst, sie könnten erkranken. Umsetzen kann man dieses »hygienische« Verhalten auf den Schutz einer Gesellschaft.

Reagiert unsere Gesellschaft ähnlich »hygienisch« auf den Wunsch nach Wandel? Wenn die Herrschenden keinen *Willen* zum Wandel verspüren, so stellt sich die Frage, ob die Bürger dennoch die *Freiheit* zum Wandel besitzen. Denn liegt nicht jeder Demokratie die Idee eines Kompromisses verschiedener Auffassungen zugrunde?

Erscheint Wandel den Herrschenden nicht anders als »ungesund«, und lassen sie der Idee der perfektionierten Stabilität nicht widersprechen, dann reagieren sie »hygienisierend«; dabei verliert das Wort Hygiene, abgeleitet von der griechischen Göttin Hygieia, den Sinn von »Gesundheitspflege« und bedeutet eher »Sterilisieren«. Wie im Krankenhaus der Operationsraum sterilisiert wird, weil Hygiene oberstes Gebot, so können auch in einer Gesellschaft die Keime neuer Gedanken, die von den Herrschenden als ungesund erachtet werden, der Hygiene zum Opfer fallen.

Eine hygienische Gesellschaft aber, die alles auf Stabilität ausrichtet, ist gleichzeitig eine Gesellschaft des Stillstands. Im Augenblick mag die Stabilität beruhigen, doch Stillstand – sagte schon Rousseau – bedeutet Rückschritt, da die Geschichte im Umfeld fortschreitet. Eine Firma, die ihr Warenangebot nicht weiterentwickelt, gerät auf dem Markt bald in Rückstand, wird finanziell instabil, es besteht die Gefahr des Konkurses. Aus Stillstand entwickeln sich auch für eine Gesellschaft Instabilität und Krise.

Grundlagen der Demokratie in der BRD

Die Frage, ob der Bürger in der BRD die Freiheit zum Wandel besitzt, ist nicht nur schwer zu beantworten, sie zieht auch eine Kette weiterer Fragen nach sich, etwa was »Wandel« bedeutet, ob es notwendig ist zu wandeln, und zu allererst: was heißt »Freiheit«?

Freiheit liegt jeder Demokratie zugrunde, denn Demokratie heißt: ein Volk regelt seine Belange selbst. Keine gottgegebene oder von einer Besatzungsmacht eingerichtete Obrigkeit übt Zwang aus.

Nun besteht ein Volk aus Arbeitern und Unternehmern, aus Beamten und Freiberuflichen, aus Konservativen und Progressiven, aus Fünfzig- und Zwanzigjährigen, Gruppen verschiedener Größe, mit abweichenden Interessen, und vor allem mit unterschiedlichem politischen und gesellschaftlichen Gewicht.

Auf dem Papier sieht die bundesrepublikanische Verfassung vor, ihre politischen Angelegenheiten durch eine mittelbare Demokratie zu regeln. Der Wähler entscheidet durch Stimmabgabe, wie seine Interessen im Parlament vertreten werden sollen, und von da ab beschließen andere für ihn – etwa wer Kanzler oder Bundespräsident werden soll, welche Gesetze angenommen oder abgelehnt werden, wie das Staatswesen verwaltet wird. Unmittelbare demokratische Einflußnahme durch Volksentscheide, Direktwahl von Kanzler oder Bundespräsident sind mit Blick auf die Vergangenheit und eine mögliche Anfälligkeit der Deutschen für Demagogen schon bei den Überlegungen im Parlamentarischen Rat, der das Grundgesetz ausarbeitete, unter den Tisch gefallen. Doch auf dem Papier festgelegte Spielregeln besagen noch nicht viel; geht die Demokratie davon aus, daß die Mehrheit über die Minderheit entscheidet, so stellt sich die Frage, ob die Mehrheit rücksichtslos von ihrem Vorrecht zu bestimmen Gebrauch macht oder zu Kompromissen mit der Minderheit bereit ist, wissend, daß die Minderheit von heute die Mehrheit von morgen sein kann. In der Bundesrepublik stehen der parlamentarischen Minderheit zahlreiche Rechte zu – die zum Teil nicht gesetzlich festgelegt, sondern durch Gewohnheitsrecht entstanden sind. So stellt die größte Fraktion, auch wenn sie in der Opposition sitzt, den Bundestagspräsidenten. Die Ausschüsse werden nach dem komplizierten mathematischen System von d'Hont* besetzt, in vielen Ausschüssen präsidiert ein Oppositionspolitiker. Eine kleine Minderheit von 45 Abgeordneten kann erzwingen, daß ein für die Regierung unangenehmes Thema durch einen mit gerichtlichen Befugnissen ausgestatteten Untersuchungsausschuß behandelt wird.

Das von uns als geschichtliches Vorbild der Demokratie gelobte Land Frankreich geht mit Minderheiten sehr viel weniger demokratisch um. Besitzt das Parlament gegenüber der Machtfülle des direkt von der Mehrheit des Volkes gewählten Präsidenten schon wenig Bedeutung (1974: Mehrheit 50,7%, Minderheit 49,3%), so zählt die Minderheit in Paris überhaupt nicht. Die Mehrheit besetzt alle Posten, die sie durch Abstimmung erlangen kann. Die Minderheit kann noch nicht einmal einen Untersuchungsausschuß durchsetzen. Dabei vertritt die Minderheit, gemessen an den Parlamentswahlen 1978 mit 49,7 Prozent fast die Hälfte der Bevölkerung.

* Seit 1987 gilt das Proportionsverfahren nach Hare/Niemeyer

Parlamentarische Regeln decken nur einen geringen gesellschaftlichen Bereich ab. Wie aber werden Konflikte außerhalb der gesetzlichen Regelungen ausgetragen? Werden Kompromisse ausgearbeitet oder herrscht auch bei uns die Diktatur der Mehrheit?

Freiheit

Wie die Bürger der Bundesrepublik miteinander umgehen, welche Gesetze sie für notwendig erachten und in ihrem Sinn erlassen werden, um das Zusammenleben zu steuern, das bestimmt den Grad der »inneren« Freiheit unserer Demokratie, daran können wir ablesen, wie es um die »Freiheit zum Wandel« bestellt ist. Es reicht nicht aus, das Wort Freiheit nach der Manier eines Lexikons zu definieren, wo es einfach heißt: »Freiheit die, -/-en, Unabhängigkeit, Fehlen von Zwang: die F. zu tun, was man will.« (*Der neue Brockhaus*, Wiesbaden 1958, S. 255, Bd. 2)

Der harte Kampf um die Macht zwischen Christdemokraten und Sozialliberalen hat die Köpfe der Bevölkerung so in Beschlag genommen, daß wir bei der Suche nach der Definition von »Freiheit« augenblicklich auf jenen Inhalt zurückfallen, den die CDU/CSU mit Vehemenz vertritt. »Freiheit oder Sozialismus«. Da Politiker leider immer ein wenig Demagogen spielen – wie sie meinen: spielen müssen –, kommt es ihnen weniger darauf an, den *richtigen Inhalt* eines Wortes zu erfassen, als mit einem Schlagwort die Gefühle der Zuhörer aufzuputschen. Schon zu seiner Zeit mokiert sich Johann Wolfgang von Goethe: »Wie man denn niemals mehr von Freiheit reden hört, als wenn eine Partei die andere unterjochen will und es auf weiter nichts abgesehen ist, als daß Gewalt, Einfluß und Vermögen aus einer Hand in die andere gehen soll. Freiheit ist die leise

Parole heimlich Verschworener, das laute Feldgeschrei der öffentlich Umwälzenden, ja das Losungswort der Despotie selbst, wenn sie ihre unterjochte Masse gegen den Feind anführt und ihr von auswärtigem Druck Erlösung auf alle Zeiten verspricht.«[1]

Es bietet sich an, »Freiheit« von zwei Seiten her zu beleuchten, einmal theoretisch, um herauszukristallisieren, wie Denker und Staatsmänner dieses Wort ausfüllten, zum anderen aber, wie wir diesen Freiheitsbegriff in der deutschen Geschichte gelebt und umgesetzt haben; daraus erfahren wir am meisten über das Freiheitsbewußtsein in der Bundesrepublik, das ja nicht aus dem Jahre 1949 stammt und zusammen mit dem Grundgesetz beschlossen wurde, auch wenn mancher es gern so sähe, sondern das wir von unseren Eltern und unsere Eltern von ihren Vorfahren übernommen haben. Aus dem von der Geschichte geprägten Freiheitsbewußtsein lernen wir, welche *Fähigkeit* wir besitzen, Freiheit in der Praxis anzuwenden und mit Wirklichkeit auszufüllen.

Man kann Freiheit positiv wie negativ erklären. Äußerlich gesehen, ist Freiheit die Abwesenheit von Zwang, inhaltlich gedeutet, ist Freiheit die Selbstbestimmung des Menschen, darüber zu entscheiden, was er tun oder unterlassen will, die Möglichkeit, sich zu entfalten und zu verwirklichen.

Wäre das nun schon »Freiheit«, dann schlüge bald das Chaos über uns nieder. Nicht jeder kann tun und lassen, was ihm beliebt, sondern die persönliche Freiheit endet an der Freiheit des anderen. Und damit beginnen die grundlegenden Schwierigkeiten: erstens muß ich wissen, daß ich frei bin, zum zweiten muß ich die Freiheit des anderen überblicken, muß die Elle erkennen, nach der meine Freiheit und die des anderen bemessen wird.

Beides zu wissen bedingt Vernunft. Deshalb kam Kant

zu dem Schluß, Freiheit sei Einsicht in die Notwendigkeit; Freiheit war für ihn ein transzendentaler Zustand. Doch Einsicht in die Notwendigkeit von Beschränkungen kann man haben – und trotzdem vollkommen unfrei sein. Im Denken Kants spiegelt sich Luther wider, der über »die Freiheit eines Christenmenschen« schrieb, im Denken sei man frei, im Handeln Knecht; denn für Luther kam jede weltliche Obrigkeit von Gott.

Erst die Unabhängigkeit von äußeren Zwängen garantiert die innere Freiheit, die zur Selbstbestimmung führt; Gedanken, die wir schon in der Philosophie der Stoiker finden, die zu verwirklichen Mönche mit ihrer Askese nahe kommen. Indem sie sich freimachen von den meisten irdischen Bedürfnissen und Zwängen, erreichen sie einen hohen Grad innerer Freiheit.

Die Vernunft zu erkennen, daß man frei ist, und gleichzeitig das Wissen um die Freiheit des anderen bedarf eines Erziehungsvorgangs, der nicht aus der Theorie hergeleitet werden kann, sondern den gesellschaftliche Wirklichkeit und geschichtliche Abläufe prägen – und verändern. Wenn wir in unserer Geschichte weit zurückschauen, finden wir Selbstbestimmung bei den »prähistorisch« freien Germanen; doch je mehr die Menschheit wächst und mit ihr Besitz- und Herrschaftsverhältnisse entstehen, desto stärker nimmt der Drang nach Unterdrückung zu, die im Wechselbad der mitteleuropäischen Geschichte im Absolutismus ihren Höhepunkt findet – in der totalen Unfreiheit des Volkes. Selbst die Mitwirkungsrechte (weniger die Privilegien) des Adels aus der Feudalzeit waren abgeschafft worden, aber auch deren Sozialverpflichtungen. Im Zusammenwirken von König und Kirche galt das Motto »Alle Obrigkeit ist von Gott«. Damit war die Unfreiheit des Menschen besiegelt – und ideologisch begründet: Gott als übernatürliche Instanz ist ebenso wenig begründbar wie alles, was von ihm abgeleitet wird. Da nicht nachprüfbar, lag die Stärke dieser Begründung in der Machtvollkommenheit des jeweiligen Herrschers.

Erst der wirtschaftliche Aufstieg des Bürgertums und neue wissenschaftliche Methoden und Erkenntnisse setzten dem Herrschaftsanspruch des Absolutismus die Ideen der Aufklärung entgegen. Die politische und soziale Ordnung galt nicht mehr als unantastbar, sondern Herrschaft sollte auf Vereinbarungen der Bürger untereinander beruhen. Jean-Jacques Rousseau faßte das rationale Naturrecht am deutlichsten in Worte. Sein »Contrat social«, eine Bibel neuzeitlicher Politik, beginnt mit dem Satz: »Der Mensch ist frei geboren«. Und – man glaubt es heute kaum noch – er sprach nicht einen Allgemeinplatz, sondern eine revolutionäre politische Parole aus; besonders da er hinzufügte, alle seien auch »gleich« geboren. Von Aristoteles bis hin zu den Naturrechtlern Grotius und Hobbes – die nur wenige Jahrzehnte vor Rousseau lebten – hatten die Philosophen und politischen Denker die Ungleichheit des Menschen bestätigt. Nach Aristoteles waren die einen geboren, Sklaven, die anderen, Herrscher zu sein. Nun aber wurde erklärt, daß alle frei und gleich geboren seien! Diese Aufklärung nannte Immanuel Kant »den Ausgang des Menschen aus seiner selbstverschuldeten Unmündigkeit«: »Unmündigkeit ist das Unvermögen, sich seines Verstandes ohne Leitung eines anderen zu bedienen. Selbstverschuldet ist diese Unmündigkeit, wenn die Ursache derselben nicht am Mangel des Verstandes, sondern der Entschließung und des Mutes liegt, sich seiner ohne Leitung eines anderen zu bedienen.«

Jedes Volk handelte auf seine Art, nachdem die Bürger von der ihnen zustehenden Freiheit erfahren hatten. Die Franzosen stürmten mit dem Ruf nach »liberté, égalité, fraternité« (was man heute übersetzen würde mit »Freiheit, Gerechtigkeit, Solidarität«) die Bastille und riefen die Republik aus. Im Vielstaatendeutschland aber, wo die aufklärerischen Denker und Dichter bisher weitgehend geduldet waren, beschlossen die Fürsten, die Französische Revolution zu bekämpfen, wurden aber von den republikanischen Armeen abgeschlagen. Statt dessen kam Napoleon und brachte den besetzten deutschen Gebieten etliche Freiheiten. »Wir hätten auch den Napoleon ganz ruhig ertragen«, schreibt Heinrich Heine. »Aber unsere Fürsten, während sie hofften, durch Gott von ihm befreit zu werden, gaben sie auch zugleich dem Gedanken Raum, daß die zusammengefaßten Kräfte ihrer Völker dabei sehr mitwirksam sein möchten: ... und sogar die allerhöchsten Personen sprachen jetzt vom gleichsamen deutschen Vaterlande, von der Einheit Deutschlands. Man befahl uns Patriotismus, und wir wurden Patrioten; denn wir tun alles, was uns unsere Fürsten befehlen ... Als Gott, der Schnee und die Kosaken die besten Kräfte des Napoleon zerstört hatten, erhielten wir Deutsche den allerhöchsten Befehl, uns vom fremden Joche zu befreien, und wir loderten auf in männlichem Zorn ob der allzulang ertragenen Knechtschaft, und wir begeisterten uns durch die guten Melodien und schlechten Verse der Körnerschen Lieder, und wir erkämpften die Freiheit; denn wir tun alles, was uns von den Fürsten befohlen wird.«[2] Sarkastisch – und doch im Kern wahr!

Daß die Freiheit in Frankreich vom Volk erkämpft wurde, in Deutschland jedoch nicht, macht deutlich, daß in beiden Ländern der Wille, »Freiheit« durchzusetzen, unterschiedlich stark vorhanden war. Während in Frankreich die Aufklärung von den intellektuellen Bürgerschichten politisch umgesetzt wurde, besaß Deutschland weder ein einheitliches Bürgertum noch eine politisch geschlossen auftretende bürgerliche Intelligenz. Die vom politischen

Geschehen weitgehend ausgeschlossenen deutschen Bürger benahmen sich wie der Fuchs in der Fabel, dem die Trauben zu hoch hängen: er behauptet, sie schmeckten zu sauer. So erklärten viele bürgerliche Intellektuelle die Politik für ein niedriges Geschäft, das zu führen ihrer unwürdig sei. An die Stelle des »homo politicus« trat der »Dichter und Denker«. Statt zu verbreiten und politisch umzusetzen, daß man »frei und gleich« geboren ist, blieb die Aufklärung in Deutschland auf wenige »Revolutionäre« beschränkt, die auch schon bald die ganze Macht der Obrigkeit zu spüren bekamen.

Freier wurde das Leben zwar im Deutschland des 19. Jahrhunderts, Verfassungen wurden eingerichtet, besonders die Wirtschaft konnte frei aufblühen – frei hieß: frei von staatlichen Schranken, aber auch frei von Sozialverpflichtung. Doch die Freiheit, die eigenen Belange selbst zu regeln, die Demokratie, fiel uns erst 1918 in den Schoß – als Ergebnis einer militärischen Niederlage unserer Obrigkeit, die bis dahin von Gott war, und zwar im buchstäblichen Sinn, denn der deutsche Kaiser war, bis er abdankte, auch Oberhaupt der protestantischen Kirche Deutschlands.

An der politischen und wirtschaftlichen Instabilität der Weimarer Republik nahm die junge Demokratie rasch Schaden. Ein Volk, in dessen Traditionen freiheitliches und demokratisches Denken fast keine Wurzeln hatte, wählte bald bewußt den Weg zurück in die »selbstverschuldete Unmündigkeit«, ins Dritte Reich, das der Freiheit geschwind enge Grenzen setzte. Obwohl die innere Freiheit des Menschen nur dort verwirklicht werden kann, wo die äußere vorhanden ist, haben wir Deutsche uns dennoch nie entschlossen, durch eigenes Handeln diese äußere Freiheit zu erringen – indem wir etwa die aufgesetzte Obrigkeit, die Fürsten, den Kaiser gestürzt hätten. Das beweist, daß uns andere Werte wichtiger waren und in dem Entschluß hemmten, einen Zustand herzustellen, der es uns erlaubte, die innere Freiheit zu erarbeiten. Und diese Werte, die wir der Freiheit vorzogen, hießen Glaube an die Obrigkeit, Gehorsam dem Staat. Den Staat sahen wir nicht als das politische Gerüst der Gesellschaft, sondern stellen ihn darüber als absolute, den Interessenkämpfen entzogene Ordnungsmacht. Diesem Gedanken werden wir später noch ausgiebiger folgen.

Zwar erhob sich Widerstand gegen die nationalsozialistische Herrschaft, doch die Mehrheit des Volkes konnte und wollte den Gehorsam, den Glauben an die Obrigkeit nicht überwinden, um die Freiheit zu erkämpfen – durch den Sturz Hitlers und seiner Regierung. So fiel uns die Freiheit erst wieder als Folge einer militärischen Niederlage unserer Obrigkeit, diesmal des Führers, in den Schoß.

Vier Jahre nach der Niederlage des Dritten Reichs hatten wir im Bereich der jetzigen Bundesrepublik ein so großes Maß äußerer Freiheit wiedererlangt, daß die Regelung der inneren Freiheit in Angriff genommen werden konnte. Im Grundgesetz wurden die bürgerlichen Freiheitsrechte zum erstenmal eindeutig als Grundlage der politischen Ordnung anerkannt und an deren Spitze gesetzt. Die Grundrechte dienen dem Schutz des Bürgers und seiner Freiheit gegenüber Eingriffen der Staatsbehörden. Da werden garantiert die freie Entfaltung der Persönlichkeit, die persönliche Freiheit, Bekenntnisfreiheit, freie Meinungsäußerung, freie Wissenschaft, Versammlungs- und Vereinigungsfreiheit, Freizügigkeit und freie Berufswahl. Diese Aufzählung klingt manchem Bundesbürger schon erschöpfend und wird sogar häufig als Ende, nicht erst als Beginn und Grundvoraussetzung von Freiheit gewertet.

Weitergehende, subtilere Garantien – wie etwa die Sozialverpflichtung des Eigentums aus Artikel 14 – werden, wie zahlreiche in den letzten Jahren durchgeführte Umfragen ergaben, für Verfassungsartikel nicht der BRD, sondern der DDR gehalten, werden also dorthin verlegt, wo angeblich die »sozialistische Unfreiheit« regiert.

Weil viele von uns Freiheit inhaltlich nicht bestimmen können, reicht ihnen die juristische Aufzählung so einfach verständlicher Garantien wie die Unverletzlichkeit der Wohnung oder das Brief- und Postgeheimnis als substantielle Ausfüllung des Freiheitsbegriffes.

Die juristische Kodifizierung ist zwar ein unentbehrliches Element der politischen Freiheit, weil sie den zivilisierten Staat, die Demokratie, vom totalitären Staat, der Diktatur, unterscheidet, doch reicht sie bei weitem nicht aus, das gesamte Maß unserer Freiheit zu umfassen und die Abwesenheit von Zwang zu gewährleisten.

Es gilt, sich auch davor zu hüten, Zwang ausschließlich juristisch zu definieren. Es hat sich bei uns der Gedanke eingebürgert, der Mensch sei um so freier, je geringer der ihm zugemutete politische Zwang ist, worunter alle staatliche Tätigkeit verstanden wird. Je seltener der Staat eingreife, desto größer sei die Freiheit; die politische Freiheit erschöpft sich nach dieser Auffassung in der juristischen Definition, die im 19. Jahrhundert vom Liberalismus geprägt wurde und heute noch zum Hauptbestandteil unseres politischen Denkens gehört. Diese mechanistische Interpretation von Freiheit, heute gern zu demagogischen Zwecken mit Blick auf Wahlen mißbraucht, verkennt, daß der demokratische Staat nicht selten durch verankerte Zwangsmaßnahmen die Freiheit nach außen und nach innen verteidigt: gegen private soziale Gewalten, gegen monopolistische Konzentration auf wirtschaftlichem, sozialem, kulturellem und religiösem Gebiet, die die Selbstbestimmung des Menschen behindern würden.

Von der Kraft der Gesetze hängt der Grad unserer

Freiheit ab. Karl Marx war nicht der erste, Max Weber nicht der letzte derjenigen, die festgestellt haben, daß nicht allein von der Entwicklung des Rechts abgelesen werden kann, wie sehr die individuelle Freiheit zugenommen hat. Unsere liberalen Gesetze gehen neben der Freiheit gegenüber dem Staat auch davon aus, daß im Wirtschaftsleben Kontraktfreiheit herrsche, also derjenige, der um Arbeit nachsucht, und derjenige, der Arbeit anbietet, frei über Arbeitsbedingungen und Lohn verhandeln können. Doch diese Regelung bleibt rein formales, auf dem Papier stehendes Gesetz. Denn nur theoretisch hat der Arbeiter das Recht, einen Arbeitsvertrag jeden beliebigen Inhalts mit jedem beliebigen Unternehmer auszuhandeln. Praktisch aber hat er nicht die mindeste Freiheit, seine Arbeitsbedingungen zu gestalten, noch kann er über die Anstellung verhandeln. Wer einmal vor der Frage eines Vertragsabschlusses stand, weiß, daß ihm ein Formular vorgelegt wird, das er entweder unterschreibt – oder auch nicht. Aber es wird nicht viel gefackelt, nicht lange diskutiert. Diese Chance hat vielleicht ein Fußballer der Starklasse wie Beckenbauer oder Breitner, vielleicht ein Topmanager, aber noch nicht einmal ein Minister.

Der Abschluß eines Arbeitsvertrages gilt dabei nur als Beispiel, das gleiche Verhältnis finden wir überall wieder, wo Starke und Schwache sich gegenüberstehen. Wie weit der Stärkere seine Interessen durchsetzt, zeigt der Fall jenes Arbeiters, der bei einem Unternehmen in einem ländlichen Gebiet mit wirtschaftlicher Monostruktur beschäftigt war. Sein Unternehmer drohte ihm zu kündigen, falls er nicht seine politische Tätigkeit für die SPD aufgebe, den Fraktionsvorsitz im Gemeindeparlament und das Amt im Ortsverein niederlege. Nach langen Beratungen mit seinen Genossen trat der Arbeiter von seinen politischen Ämtern zurück, um seine wirtschaftliche Lebensgrundlage in einer Zeit der wachsenden Arbeitslosigkeit nicht zu verlieren.

Andere Beispiele von der Macht des Starken über den Schwachen lassen sich beliebig anführen. Welche Möglichkeit der freien Vertragsverhandlung hat der kleine Unternehmer gegenüber einem multinationalen Konzern, der ihn vom Markt drängen will? Freiheit im Wirtschaftsleben eröffnet in erster Linie dem Starken die Chance, durch klugen Einsatz seiner Möglichkeiten auf dem Markt, ungehindert von Rechtsschranken, seine Stärke zur Erlangung der Macht über andere zu nutzen und kleinere Produzenten immer abhängiger von sich zu machen. Genügend Fälle drängen sich als Beispiel des schonungslosen Spiels mit der Marktmacht auf, etwa wenn ein starker Konzern ein Produkt unter dem Herstellungspreis verkauft, nur um den kleinen Konkurrenten zu erledigen, und – hat der Große es geschafft, weil er den längeren finanziellen Atem hat – nach Eroberung des ganzen Marktes den Verlust mit erhöhten Preisen ausgleicht.

Es scheint müßig, theoretisch darüber zu streiten, ob der Stärkere bei der Anwendung der Macht zur Durchsetzung seiner Interessen in die Freiheit des anderen eingreift und sie damit verkleinert, oder ob er nur den *Wert* der Freiheit des Schwächeren schmälert. Das Ergebnis bleibt gleich: Der Stärkere nimmt sich mehr Freiheit, als der Schwächere es vermag.

Gerechtigkeit

Daß das »Recht des Stärkeren« bei uns – wie in anderen Ländern auch – als etwas Normales betrachtet wird, beruht auf der geschichtlichen Entwicklung unserer Verhaltensweisen, die in den letzten Jahrtausenden mehr Handlungsvorbilder aus despotischer Unterdrückung bezogen haben als von freiheitlich geprägtem sozialen Zusammenleben der Bürger.

Dieses »Recht des Stärkeren« hat Rousseau in seinem »Contrat social« in wenigen Worten überzeugend widerlegt. Da jeder frei und gleich geboren sei, meint Rousseau, habe jeder auch das gleiche Recht auf Freiheit. Das »Recht des Stärkeren« bedeutet aber, daß Stärke Recht schafft. Wenn dieser Auffassung keine moralischen oder gesetzlichen Schranken gesetzt werden, dann wird Gewalt und nicht Vernunft das Prinzip unseres Rechts. Deshalb hat die Französische Revolution nicht nur »liberté«, sondern auch »égalité« auf ihre Fahnen geschrieben. »Égalité« heißt zwar Gleichheit, doch im heute politisch weiterentwickelten Verständnis sollten wir dieses Wort mit »Gerechtigkeit« übersetzen. Wie das Wort »Freiheit« hat die politische Propaganda vieler Parteien (nicht nur in der Bundesrepublik) auch den Begriff »Gleichheit« zum Schlagwort degeneriert. Doch nicht nur deshalb sollten wir uns eher des Wortes Gerechtigkeit bedienen; schließlich wird die Forderung nach Gleichheit in einer Gesellschaft gerade damit begründet, daß eine freie Gemeinschaft nur dann »wirklich frei« sei, wenn diese Freiheit auch gerecht (nämlich gleichmäßig) allen Mitgliedern zur Verfügung steht. Diese Gleichheit hat nur bei Demagogen den Sinn von Gleichmacherei.

Gleichheit heißt: Jeder hat bei gleicher Ausgangsbasis die gleichen Möglichkeiten. Zwei gleichbegabte Schüler sollten die gleichen Ausbildungsmöglichkeiten genießen können – gleichgültig, ob der eine von reicher und der andere von armer Herkunft ist, gleichgültig auch, ob der eine weiblich oder männlich ist. Gleichheit bedeutet Chancengleichheit.

So, wie sich die Einstellung zur Freiheit in Deutschland gewandelt hat – vom Obrigkeitsstaat zur Demokratie –, ist auch das Maß an Gerechtigkeit innerhalb der Gesellschaft gewachsen. Der Ausgangspunkt der Bundesrepublik war – und daran muß man manche Politiker leider häufig erinnern – kein Vakuum, kein Neuanfang aus dem Nichts, zu dem sich jeder Bürger mit gleicher Macht melden konnte, um seine Ansprüche in den neuen »Gesellschaftsvertrag« einzubringen.

Unter den Deutschen gab es 1945 weder eine durchschnittlich gleiche Bildung, die vorausgesetzt wird für Erkenntnis und Artikulierung der eigenen Bedürfnisse, noch waren die Eigentums- und Machtverhältnisse so gleichgestreut, daß jeder Bürger seine Wünsche mit dem gleichen Nachdruck hätte einbringen können: es konnte auch gar nicht anders sein, denn dieser Zustand der Ungerechtigkeit ist Ergebnis einer jahrtausendealten Geschichte, dahinein müssen wir uns schicken, müssen dies als Ausgangspunkt akzeptieren, um zu überlegen, was wir für die Zukunft ändern wollen.

Schließlich wurde das Volk 1945 gar nicht gefragt – sondern nur einige wenige Auserlesene setzten sich im Parlamentarischen Rat zusammen und entwarfen unter Aufsicht der drei westlichen Alliierten ein Grundgesetz, das von den Besatzungsmächten angenommen, dem Volk aber nicht direkt zur Diskussion oder gar Abstimmung vorgelegt wurde. Es ist eine altbekannte Tatsache und wurde häufig schon festgestellt, daß deshalb die Bürger der Bundesrepublik kein rechtes Verhältnis zu dieser Verfassung entwickelt hätten. Sicher, darin liegt einer der Gründe, weshalb unser Grundgesetz, das Freiheit und Gleichheit der Staatsbürger voraussetzt, anders verwirklicht wird, als es dem theoretischen, dem abstrakten Gedanken einer gerechten Freiheit entspricht.

Trotz der Erkenntnis von Rousseau, daß das »Recht des Stärkeren« nicht gelten dürfe, beruhen unsere kulturellen, wirtschaftlichen und sozialen Gewalten weitgehend auf der Tradition der Durchsetzungskraft des Mächtigeren, wenn auch heute in subtil veränderter Form. Ein Beispiel aus der Arbeitswelt drängt sich auf. Da dienen Streiks und Aussperrung zum Machtkampf um Tarife, doch von Streiks für die Gleichberechtigung von Mann und Frau am Arbeitsplatz hat man noch nicht gehört. Hierfür nicht zu streiken, darin scheinen sich die stärkeren Männer gegenüber den schwächeren Frauen einig. Wenn die Männer stark genannt werden, dann nicht ihrer Muskeln wegen oder etwa ihrer Denkfähigkeit, sondern nur wegen der ihnen traditionell zugestandenen Fähigkeit, die Macht auszuüben. Zwar heißt es im Grundgesetz, »Männer und Frauen sind gleichberechtigt ... Niemand darf wegen seines Geschlechts ... benachteiligt werden« (Art. 3 Abs. 2 und 3), doch darum scheren sich die Männer im Arbeitsleben wenig.

»Ich bin seit zehn Jahren in einem Unternehmen tätig, davon seit mehreren Jahren als Leiterin des Finanz- und Rechnungswesens, und mein Chef hat mir vor kurzem noch gesagt: Frau H., sind wir doch ehrlich, wenn Sie ein Mann wären, dann säße ich nicht hier ...!«, berichtet Ingeborg H., die im gleichen Betrieb wie ihr Mann arbeitet, und sie fährt fort: »Vor kurzem wurden die Gehälter neu festgelegt, und da hat man mir den Vorschlag gemacht, meine Gehaltserhöhung dem Gehalt meines Mannes, der auch in dieser Firma ist, zuzuschlagen. Und ich sagte, ja wieso, leiste ich dieses Jahr nicht mehr das wie im letzten Jahr, oder bin ich das nicht mehr wert – und da hat man also gesagt, na ja, Frau H., aus rein optischen Gründen wollen wir das so machen – ich meine, es geht irgendwie nicht, daß Sie das gleiche verdienen sollen wie ein Mann.«

Hier handelt ein Teil der Bürger, der aufgrund der Tradition mehr Macht besitzt als andere, so wie es der gleichgesinnten Mehrheit gefällt. Das Recht, so zu handeln, scheint ihnen die von der Tradition geprägte Gewohnheit zu geben, nicht ein vom Freiheits- und Gleichheitsideal bestimmtes, sachlich begründetes Verständnis, nicht Vernunft. Aber es ist nun einmal so, daß jenes subjektive Belieben (das dem jeweiligen Bürger schon so lange innewohnt, daß er aus dem Unterbewußtsein handelt) allein dadurch begründet wird, daß es von der Mehrheit der Bevölkerung geteilt und geschichtlich hergeleitet wird. Mit Vernunft hat das nichts mehr gemein.

Kein Wunder also, wenn kritische Geister, die gesellschaftliche Verhaltensweisen weitgehend mit Mitteln der Vernunft an dem relativ jungen Ideal einer gerechten Freiheit messen und entsprechend ändern wollen, von denen angefeindet werden, die eine ihnen historisch zugewachsene Macht nicht aufgeben wollen. Wie häufig erlebt man die Angst von Männern vor der Konkurrenz von Frauen. In den USA und in Großbritannien sind inzwischen Gesetze erlassen worden, die eine Benachteiligung der Frau verhindern sollen. Nach diesen Gesetzen wäre eine Frauen benachteiligende Anzeige mit dem Hinweis: »Auf ausdrücklichen Wunsch unseres Mandanten ist die jetzt ausgeschriebene Position nur mit einem jungen Mann zu besetzen ...« schlicht verboten. Manchmal müssen besondere Gesetze geschaffen werden, um die in der Geschichte gewachsenen und ins Leben der Demokratie mit übernommenen ungleichen Machtverhältnisse zu verändern. Anders ausgedrückt: Um Freiheit gerecht zu verteilen, müssen einige Mitbürger durch Gesetze daran erinnert werden, die Freiheit der anderen zu respektieren.

Wer nun Gefahr wittert, daß sein auf dem »Recht des Stärkeren« gewachsenes Gewohnheitsverhalten angegriffen wird, setzt *seine* Vorstellung von Freiheit gern mit den Interessen des bestehenden Systems gleich und behauptet angesichts der Beschneidung der eigenen Freiheit, das gesamte System sei in Gefahr.

Leider sind die Starken selten so vernünftig zu erkennen, daß sie im Interesse des Allgemeinwohls manchmal zurückstecken müssen. Denn es wäre gutgläubig, anzunehmen, Menschen handelten edel, verzichteten auf ihre privaten Vorteile, nur um die Freiheit anderer nicht einzuschränken, besonders dann, wenn sie über Macht verfügen, sei es als Familienvater, Hausbesitzer, Unternehmer oder Inhaber eines staatlichen Amtes.

Freiheit und Gerechtigkeit in der BRD

In unserem Staat setzt das Grundgesetz den Maßstab für das gesellschaftliche Zusammenleben und regelt, wie die demokratischen Institutionen handeln sollen. Viele der Grundrechte sind jedoch so allgemein gehalten, daß das »Recht des Stärkeren« immer wieder durchbrechen kann. Am Beispiel der gesetzlich gesicherten Gleichberechtigung haben wir gesehen, wie es dem Stärkeren trotz des Rechts des Schwächeren – hier die Frauen – gelingt, seine Interessen durchzusetzen. Um dieses »Recht des Stärkeren« soweit wie möglich einzuschränken und die gerechte Verteilung der Freiheit herbeizuführen, müssen die Gesetze zum Schutz der Schwächeren auch durchgesetzt werden. Doch nicht die Existenz von Gesetzen, sondern erst ihre Anwendung ist maßgebend für den Wert des Rechts.

Trotz allem bisher Festgehaltenen können wir ohne Zögern feststellen, die gesellschaftliche Wirklichkeit in der Bundesrepublik hat sich in den ersten Jahrzehnten nach 1945 sehr zugunsten der Freiheit entwickelt. Die Beziehungen der Menschen untereinander haben sich weitaus freier entfaltet als in den letzten Jahrhunderten.

Ethisch-moralische Freiheit

Auf ethisch-moralischem Gebiet sind alte Vorurteile abgebaut und Machtverhältnisse zerstört worden. Kinder reden ihre Eltern häufig mit dem Vornamen an und können ihnen Schimpfworte ungestraft an den Kopf werfen. Der Vater herrscht nicht mehr unangefochten, Heranwachsende können das Elternhaus verlassen und klagen zur Not das Geld zum Studium beim Altvorderen ein. Verlust der Freiheit des Vaters, so zu handeln, wie er es für richtig empfindet, Gewinn an Freiheit für den Jugendlichen, der so handeln möchte, wie er es für richtig empfindet. Die Beziehungen zwischen Ehepartnern unterscheiden sich in vielen Familien längst von dem Bild der Familie vor fünfzig Jahren. Das Scheidungsrecht sichert auch im Alter die existenzielle Grundlage der Frau, die ja Grundlage jeder Freiheit ist, selbst wenn der Gesetzgeber aus Schlampigkeit andere Ungerechtigkeiten bei der neuen Regelung übersehen hat. Gerecht berücksichtigt das neue Erbrecht auch die unehelichen Kinder. Schließlich wurden alte Vorurteile beseitigt. Der Paragraph 175 StGB, der die Homosexualität bestrafte, wurde abgeschafft wie auch andere Strafbestimmungen, die auf einer veralteten Sexualmoral gründeten.

Trotz dieser erfreulichen Bilanz drängt sich jedoch eine wesentliche Einschränkung auf. Die geschilderten ethisch-moralischen Freiheiten konnten sich nur deshalb weitgehend problemlos ausdehnen, weil ihre Enttabuisierung den Rahmen des festgelegten Wertsystems nicht in Frage stellt. Im Gegenteil führt das immer noch wachsende materialistische Gewinndenken, führen Erfolgs- und Leistungsdruck zu einer Ausdehnung von Freiheit. Auf der einen Seite erkennen wir, daß die Beseitigung der Strafbarkeit von Homosexualität die Stabilität unseres Systems überhaupt nicht berührt hat. Auf der anderen Seite führten weniger der Druck feministischer Gruppen oder gar die Vernunft der Männer zur sexuellen Befreiung der Frau aus althergebrachten Vorstellungen, sondern eine rein kommerzielle Maßnahme: die Pharmaindustrie ließ ihre Forscher nach einem Medikament suchen, daß eine Marktlücke dekken und hohe Gewinne versprechen würde – die Pille. Als Folge dieser kaufmännisch gesteuerten Pioniertat verlor die Frau die Angst vor dem Schwangerwerden.

Solang sie dem Kommerz dient, wird Sexualität zum Teil der gesellschaftlichen Freiheit. Scheinbar seriöse Reiseunternehmen fliegen Charterjumbos mit deutschen Kegelclubs nach Thailand, um die dortigen Hurenhäuser zu füllen – die man aus Sprachhygiene »Massagesalons« nennt. Da beklagt niemand die vierzehnjährigen Mädchen, die aus Thailands Bergdörfern in die Puffs verschleppt werden. Per Katalog kann man sich die Damen sogar nach Deutschland kommen lassen.

Auch der Leistungsdruck wird zum Maßstab für zwischenmenschliche Kontakte. In der uns immer um einige Jahre vorlaufenden Gesellschaft der USA können wir beobachten, daß nicht mehr der Zweitwagen oder das Schwimmbad im Garten, sondern die Häufigkeit des erlebten Orgasmus als sozial hervorzuhebende Leistung zählt, wobei die Meßbarkeit dieses »sozialen Erfolgs« vom Mut zur Angeberei des Erzählenden lebt.

Die neu gewachsenen Freiheiten, dies sei wiederholt, lassen sich gewinnträchtig nutzen; das System gefährden sie nicht, sonst würden sie nicht erlaubt. Denn auf einem nicht minder bedeutenden Gebiet wie der Sexualität wird die Frau noch *unterdrückt* – wie wir gesehen haben, auf dem Gebiet der Wirtschaft: die Frau dem Mann untertan! Das zeigt: Wenn es ums »Machtgerüst« geht, ist »mehr Freiheit« schwer möglich.

Besonders auf sozialem Gebiet wurde das »Recht des Stärkeren« in den letzten Jahrzehnten erheblich eingeschränkt. Heute stehen dem Mieter Freiheiten zu, die noch vor kurzem mancher Vermieter kurzerhand verboten hätte. Der Besitzer eines Hauses hat längst nicht mehr die Möglichkeit, über sein Eigentum so zu verfügen und die Freiheit des Mieters einzuschränken, wie einst: Beider Freiheitsträume sind angeglichen worden. Auch die Freiheit der arbeitenden Bevölkerung wurde durch zahlreiche Gesetze bis hin zur Mitbestimmung gesichert – häufig sehr zum Unwillen der Unternehmer, die damit einen Teil ihrer Freiheit abgeben mußten, nicht ohne sich vehement zu wehren.

Die Sicherung der Existenzgrundlage durch eine, an der Würde des Menschen gemessenen, moderne Sozialgesetzgebung garantiert dem größten Teil der Bevölkerung die Ausübung der elementaren Freiheiten. Der deutsche Bürger wird vor Hunger, Kälte und Not geschützt. Armut erhält heute eine neue Definition.

Schauen wir uns in der Welt um, sehen wir kaum ein Land, in dem die arbeitende Bevölkerung mehr Rechte und eine bessere soziale Sicherung kennt als in der Bundesrepublik: und das, obwohl bei uns viel weniger gestreikt wird als anderswo. Haben die »Stärkeren« nur Vernunft gezeigt, oder steckt etwas anderes dahinter? Ist es nicht so, daß in der Bundesrepublik Unternehmer und Gewerkschafter sich aus dem Bedürfnis nach Stabilität meistens friedlich einigen? Natürlich lodern Streiks auf, kommt es zu Aussperrung und Klagen gegen Mitbestimmung, doch dies sollten wir als normale Konflikte, die überall auftreten, betrachten. Klassenkämpfe, wie unsere Nachbarn in Frankreich, wie Briten oder Italiener sie erleben, bleiben uns fremd. Und wenn bei uns Auseinandersetzungen nicht verhindert werden können, dann spielen sie sich im allgemein anerkannten Rahmen ab: Nicht die Stabilität, nicht der Grundkonsens wird in Frage gestellt, sondern nur die Verteilung von Macht und Gewinn innerhalb des »stabilen« Gerüsts. »Gemeinsam«, heißt es immer wieder, »haben Arbeiter und Unternehmer die Wirtschaft aufgebaut«, oder gar »Wir haben doch alle mit nichts angefangen«, was zwar nicht stimmt, aber gut klingt.

Während die Freiheit der unselbständigen Arbeiter durch ein wachsendes System von Garantien immer näher der Gerechtigkeit rückt, verlieren jedoch viele Bürger wesentliche Teile ihrer Selbstbestimmung, die ja Ziel aller Freiheit sein sollte. Gemeint sind die vielen selbständigen Handwerker, Ladenbesitzer und Kleinunternehmer, die von mächtigen Konkurrenten vertrieben werden. Die Bäkker kommen gegen Brotfabriken nicht an (und statt der guten Brötchen erhalten wir nur noch fade Massenware), der Tante-Emma-Laden kann sich nicht gegen den Supermarkt wehren, der kleine Bauunternehmer geht angesichts des Großkonzerns in die Knie, die Lokalzeitung, der Ein-Mann-Verlag, sie werden von dem Kapitalstarken weggewischt.

Diese Bürger schützen keine Gesetze. Und wir können uns auch gar nicht vorstellen, daß auf dem Wirtschaftsgebiet Schutzzonen geschaffen werden sollten. Wir rechnen so: Wer effektiv ist, wer mehr Gewinn bringt, der hat das Recht, das Recht des »Stärkeren«, weil er anscheinend mehr leistet. Das zeigt, worauf wir Wert legen – auf Profit, den wir mit Leistung gleichsetzen. Daß der Schuster um die Ecke, der Bäcker mit seinen feinen Brötchen, der kleine Verlag wesentliche Elemente einer gesunden vielfältigen Gemeinschaft sein können, vergessen wir über dem Streben nach der Perfektionierung des Geldmachens. Daß anderswo andere Werte vorgezogen werden, können wir etwa bei den Franzosen beobachten (obwohl hier die Klassenunterschiede noch weit ausgeprägter sind als bei uns): Der erzkonservative Politiker Jean Royer, Bürgermeister von Tours, Abgeordneter in Paris, war für kurze Zeit Handelsminister. Weil er davon ausgeht, daß die gewachsene Struktur von Stadtvierteln mit ihren kleinen Geschäften wesentlich dem Wohlbefinden des Bürgers dient, und gerade die kleinen individuellen Geschäfte Träger einer Kommunikationsstruktur sind, die man nicht zerstören dürfe, setzte er ein Gesetz durch, das die Einrichtung von Supermärkten nur unter ganz bestimmten Bedingungen und mit Zustimmung der Einzelhändler in den Ortsteilen erlaubt. Geld allein, meinte Royer, erkauft noch nicht die Freiheit, andere zugrunde zu richten.

In der Bundesrepublik wird die Freiheit des Selbständigen nicht geschützt, mit dem Ergebnis, daß sich immer mehr Menschen unselbständig verdingen müssen. Nur wer frei gearbeitet hat, kann nachfühlen, welchen Verlust es bedeutet, angestellt zu sein, die Selbstbestimmung gegen die Fremdbestimmung eintauschen zu müssen. Wer das jedoch ausspricht, gilt als Radikaler, als jemand, der die Wurzeln unseres Wirtschaftssystems, auf dem die Stabilität gebaut ist, annagt. Wer sich hingegen ein wenig geistig frei macht und sich selbst erlaubt, sein bisheriges Denken zu überprüfen, kann leicht feststellen, daß wirtschaftliche oder politische Stabilität mit einer Frage wie »Supermarkt oder Tante-Emma-Laden« nichts gemein hat, sondern eher mit der Frage »Schnell viel Profit oder nicht«. Hinzu kommt der deutsche Wahn, alles regeln zu müssen. Nehmen wir – um bei dem Beispiel des Supermarkts zu bleiben – das Ladenschlußgesetz. Von Gewerkschaften und Großkaufleuten heftig verteidigt, nimmt es dem Tante-Emma-Laden die Möglichkeit, den von der Arbeit heimkehrenden Berufstätigen zu bedienen und durch eine flexible Öffnungszeit gegenüber dem Supermarkt zu überleben, es zwingt dagegen den Einkaufenden, sich in der Mittagszeit oder direkt nach Dienstschluß in der Nähe des Arbeitsplatzes – und das ist meist im Bürozentrum – im Großkaufhaus vollzuladen. Der Verlust für den einzelnen ist unübersehbar. Wer einmal in den Vereinigten Staaten oder Frankreich gelebt hat, wo man noch abends, sogar am Sonntag einkaufen kann, der hat auch genossen, daß Stadtzentren lebendig bleiben können und nicht abends Punkt halb sieben aussterben müssen.

An solch einem Beispiel können wir die Zweideutigkeit von »mehr« Freiheit feststellen. Mehr Freiheit hat sich bei uns der wirtschaftlich Überlegene erkämpft, weniger Freiheit zu überleben hat der Kleine, weniger Freiheit, seine individuellen Bedürfnisse zu befriedigen, bleibt dem einzelnen. Hier sind Freiheit und Gerechtigkeit noch nicht ausgeglichen.

Staatliche Freiheit

Schauen wir neben der ethisch-moralischen und sozialen Freiheit auf die Entwicklung der staatlichen Freiheit seit 1945, so finden wir auch auf diesem Sektor auf den ersten Blick bestätigt: Unser Grundgesetz garantiert dem Bürger so viele Freiheiten, daß es Grundlage für eine freie und gerechte Gesellschaft sein könnte.

Doch zwei Einschränkungen vorweg: Erstens regelt das Grundgesetz *nur* die Beziehungen zwischen Staat und Bürger. Es hat – wie die Juristen sagen – keine Drittwirkung, es gilt nicht zwischen den einzelnen Bürgern: gegenüber dem Staat haben wir einen Anspruch auf Meinungsfreiheit, nicht gegenüber unserem Arbeitgeber. Und zweitens – zwar *könnte* das Grundgesetz eine freie und gerechte Gesellschaft ermöglichen, doch dann müßte es gemäß seinen Idealvorstellungen auch verwirklicht werden. Nicht umsonst machen Fachleute den Unterschied zwischen *Verfassung* und *Verfassungswirklichkeit*. Wir brauchen nur an das Beispiel der Frau im Arbeitsleben zu erinnern: ganz eindeutig widerspricht es dem Gedanken von Art. 3; aber die Wirklichkeit setzt sich gegen das Ideal durch, weil das Grundgesetz weniger Macht hat als die Traditionen.

Doch nicht nur geschichtlich gewachsene, traditionelle Verhaltensnormen widersetzen sich den Ideen des Grundgesetzes, auch in den politischen Auseinandersetzungen der Bundesrepublik werden Vorbehalte gegen sie sichtbar. Waren die Jahre des Aufbaus eine Zeit der Stabilität, Jahre, in denen Regierung und Opposition zwar heftig stritten – sei es über die Wiederbewaffnung, sei es über die Westorientierung Adenauers, sei es über das entstehende Europa –, so waren es doch Jahre, in denen keiner das System ernsthaft anzweifelte (da man die KPD kurzerhand verboten hatte). Erst 1967 mit dem offenen Ausbruch der Studentenunruhen, deren Vorläufer in den Jahren 1964 und folgende zu suchen sind, wurde zum erstenmal von einer ganzen Generation gefordert, das bestehende, wirtschaftlich zur Weltspitze zählende System weiterzuentwickeln – oder gar zu revolutionieren.

Die Demokratie und die Radikalen

Nach dem Sinn unserer Verfassung steht jedem das Recht zu, mit demokratischen Mitteln das Leben in der Bundesrepublik zu verändern – solange die Grundrechte nicht angetastet werden. Viele folgten dem Aufruf Rudi Dutschkes und setzten zum »Marsch durch die Institutionen« an; doch schon bald stießen sie an die Grenzen der Toleranz.

In Bereichen von Kultur und Erziehung fanden die Ideen der kritischen Jugend am ehesten Zugang, aber als der »Marsch durch die Institutionen« spürbar wurde, reagierte der Staat schnell und heftig: Kanzleramtsminister Horst Ehmke schlug Bundeskanzler Willy Brandt vor, mittels Erlaß den Radikalen den Zutritt in öffentliche Ämter zu verwehren. Und der SPD-Kanzler setzte durch, was er spätestens selbst bereute, als er feststellte, daß auch Mitglieder seiner Partei von dieser Maßnahme getroffen wurden. Der Grund, weshalb die Regierung sofort reagierte: Diesmal schien der Staat in Gefahr. Tatsächlich war der Staat als Organisationsform nie bedroht, in Frage stand nur das »Modell Deutschland«, das die Fünfzigjährigen erbaut hatten.

Die SPD-Regierung handelte ähnlich, wie auch die CDU-Opposition vorgegangen wäre – wenn auch aus anderen Motiven. Während die Opposition aus ihrer konservativen Grundhaltung heraus die bestehenden Verhältnisse bewahren will, macht der SPD ihre Vergangenheit zu schaffen. Stets waren Sozialdemokraten vom autoritären Staat verfolgt worden. In Bismarcks Sozialistengesetz hieß es: »Vereine, welche durch sozialdemokratische, sozialistische oder kommunistische Bestrebungen den Umsturz der bestehenden Staats- und Gesellschaftsordnung bezwekken, sind zu verbieten!« Zu Kaisers Zeiten nannte man sie »vaterlandslose Gesellen«. Und während des Naziregimes verschleppte man sie in die Konzentrationslager. Sogar Adenauer bezeichnete einen möglichen Wahlsieg der SPD als »Untergang Deutschlands«. Um dem Ruch der Staatsuntreue zu begegnen, stellten sich die Sozialdemokraten immer dann auf die Seite des Staates, wenn sie glaubten, damit beweisen zu können, daß sie in der Stunde der Not

»Deutschlands ärmster, aber auch treuester Sohn« sind (so SPD-Fraktionsführer David 1915, als die Sozialdemokraten den Kriegskrediten des Ersten Weltkriegs zustimmten). Und vergessen wir nicht, wie staatserhaltend Friedrich Ebert die Weimarer Republik verteidigte, als er die Reichswehr auf revoltierende Arbeiter in Sachsen und an der Ruhr schießen ließ. Auch heute setzt die SPD-Regierung alle möglichen Mittel ein, um den Staat in seinem bestehenden Zustand zu bewahren, indem Veränderer (Radikale) geortet und kaltgestellt werden. Um den Radikalenerlaß wirksam anwenden zu können, wurden Polizei, Verfassungsschutz etc. eingeschaltet, über eine halbe Million Jugendlicher politisch überprüft, viele Linke (kaum Rechte) daran gehindert, den von ihnen angestrebten Beruf auszuüben. Groteske Übertreibungen kommen vor. Im Verteidigungsministerium ging ein Vorgesetzter gegen einen Mitarbeiter vor, weil er auf dem Gang die Internationale gepfiffen hatte! – Szenen für Karl Valentin.

Nun wird ein Bürger, der weitgehend zufrieden ist mit den bestehenden Verhältnissen, eine Maßnahme begrüßen, die diesen Zustand stabil hält. Insbesondere, wenn Demagogie und Vorurteile Radikale als ungewaschene Langhaarige zeichnen und ihr Ziel »Sozialismus« mit dem Stechschritt von DDR-Soldaten, mit Stacheldraht und Gefängnis gleichsetzen. Und, sagt sich der beruhigte Bürger, »radikal«, das kommt in meinem Haus nicht vor. Erst wenn seine Familie selbst betroffen wird von der durch eine Behörde ausgesprochene Einstellungsablehnung, wenn der Sohn nicht Lehrer werden kann nach jahrelangem teuren Studium, obwohl »er doch gar nicht so ist wie all die anderen Krawallbrüder«, beginnt ein Prozeß des Umdenkens. Erst als Betroffene beginnen wir umzudenken. Denn wir haben zu wenig eigenständiges Freiheitsbewußtsein, und wir denken zu stark in den Bahnen, die uns die jeweils nahestehende politische Partei vordenkt – sei es CDU oder SPD.

Prominentes Beispiel dafür, wie unser Blickwinkel sich erst nach einem Eingriff in unseren eigenen Lebensbereich verändert, ist der Fall Max Güde. Jahrelang war er Generalbundesanwalt und später CDU-Bundestagsabgeordneter. Erst als sein schon über vierzig Jahre alter Sohn, obwohl der sich nichts hatte zuschulden kommen lassen, aus dem Lehramt entfernt wurde, weil er sich zu radikalen Gedanken bekannte, begann der ehemalige hohe Justizbeamte und Politiker gegen die Radikalenmaßnahmen zu kämpfen.

Güde hatte die Gefahr erkannt, die in dieser Art von Schutz des Staates lag. Er erfuhr, daß der Behördenapparat vor Veränderungen zwar geschützt, aber die Freiheiten des Bürgers eingeschränkt werden – und: Die Behörden erhalten plötzlich eine Macht, die ihnen nicht zusteht. Diese Macht beginnt mit der Überprüfung von Hunderttausenden und endet in der Angst von Bürgern, die eigene Meinung zu sagen. Zahlreiche Bücher schildern heute gruselige Erlebnisse Unschuldiger. Zwar erkannte die Bundesregierung schließlich selbst den Fehler und beschloß, den Radikalenerlaß in ihrem Zuständigkeitsbereich nicht mehr in der ursprünglichen Schärfe anzuwenden, aber er hat sich schon so eingebürgert, daß ein Kommunist inzwischen weder Lokomotivführer noch Briefträger werden kann ...

Die Folgen dieser Auswüchse treffen nicht nur die Radikalen, sondern alle Bürger. Der Staat legt selbst alle Schranken ab und geht so weit, in allen Betrieben mit mehr als tausend Beschäftigten die Betriebsräte politisch zu überprüfen. Das – kann man sich vorstellen – ähnelt den Methoden, wie sie wahrscheinlich in der DDR angewendet werden. Wie leicht der harmlose Bürger in das

Netz der Überwachung verstrickt wird, schildert Bundesminister Volker Hauff: »Der Schwiegervater eines meiner Bekannten hatte sich vom Verkehrsamt im schwäbischen Bietigheim einen Stadtplan schicken lassen, da er seine neu verheiratete Tochter dort erstmals besuchen wollte. Vierzehn Tage später klopfte die Polizei an seine Tür: Wozu er den Stadtplan benötige, was er in Bietigheim überhaupt wolle – schließlich wohne dort der Ministerpräsident von Baden-Württemberg.«[3] Minister Hauff fügt hinzu, er wolle in einem Land leben, »in dem so etwas nicht vorkommt«, doch der Schwiegervater seines Bekannten, der sicherlich auch in einem Land leben will, »in dem so etwas nicht vorkommt«, hat kaum eine Möglichkeit, sich zu wehren. SPD und FDP haben diesen Zustand herbeigeführt. Wählt der besagte Schwiegervater nun die CDU, wird sich nichts ändern. Denn der Opposition sind die Maßnahmen der Regierung immer noch zu sanft. Der Staat ist allmächtig geworden und drängt die bürgerlichen, die individuellen Freiheiten ins Abseits.

Im Jahr 1976 fragte das Meinungsforschungsinstitut Infratest Jugendliche zwischen 13 und 24 Jahren: »Wenn Sie die Ansicht hören ›Bei uns kann jeder frei seine Meinung sagen, zu jedem Problem, auch zur Politik. Er hat davon keine Nachteile‹, würden Sie sagen, das stimmt, oder das stimmt nicht?«

51 Prozent verneinten, daß das Grundrecht auf Meinungsfreiheit verwirklicht sei, also mehr als die Hälfte der Befragten. Nur 26 Prozent sahen die Meinungsfreiheit als gegeben an, die anderen waren sich nicht sicher.[4] Nun ist nur der frei, der auch weiß, daß er seine Freiheit benutzen kann. Wenn aber die Jugendlichen glauben, ihre Meinung zu »jedem Problem, auch zur Politik« nicht sagen zu können, ohne Nachteile zu erleiden, dann ist Meinungsfreiheit wirklich nicht in gewünschtem Maß vorhanden.

Die Demokratie und die Terroristen

Während die einen ihre Vorstellungen einer gerechteren Gesellschaft mit dem Marsch durch die Institutionen verwirklichen wollten, hatten andere die Revolution im Kopf. Aus dem Kaufhausbrand, der Gewalt gegen Sachen, wurde die Gewalt gegen Personen, am Ende Mord. Wollten die einen die Institutionen von innen heraus verändern, indem sie dort Positionen besetzten, wollten die anderen diese Institutionen beseitigen – ohne allerdings anzugeben, welche neuen politischen und gesellschaftlichen Strukturen folgen sollten. Die Utopie, die sie vor Augen hatten, war die absolut gerechte Verteilung von Freiheit, wie sie in der Theorie von Marx bis Mao zu finden ist.

Daß eine ideelle Revolution unter gewissen Umständen Erfolg haben kann, hat in jüngster Zeit Ayatollah Khomeini bewiesen, als er den Schah von Persien stürzte. Auch er rief auf zum Sturz der bestehenden Institutionen im Iran – ohne anzugeben, welche neuen Strukturen folgen sollten. Seine Utopie war die absolute Einhaltung der schiitischen Auslegung des Korans – ein islamisches Reich. Der Ayatollah hatte Erfolg, weil das Volk seine Thesen annahm, denn das Denken der iranischen Massen wird seit Jahrhunderten vom Koran geprägt, und der Gehorsam gegenüber der Religion war stärker als der gegenüber dem tyrannischen Schah. Im Iran wurden die alten Institutionen beseitigt, und erst ein Jahr später begannen sich neue staatliche Strukturen, neue Institutionen durch Wahl eines Präsidenten, eines Parlaments zu bilden.

Die Terroristen in der Bundesrepublik stießen mit ihren Vorstellungen von der absolut gerecht verteilten Freiheit auf schroffe Ablehnung. Während rechtsgerichtete Terroristen mit Bombenanschlägen wie in München die Bevölkerung in Schrecken versetzen wollen, zielte die Gewalt der anarchistischen Revolutionäre auf die Vertreter des bestehenden Staates. War Bundesinnenminister Professor Maihofer einer der bestbewachten, aber auch gefährdetsten Politiker der Bundesrepublik, geht er seit seiner Rückkehr aus der Bonner Politik dem Leben eines normalen Menschen nach – ohne Leibwache, wahrscheinlich auch ohne Angst. Die Gewalt der Anarchisten entwickelte sich vom Bombenanschlag bis zur Geiselnahme und zu Mord. Als jedoch bei einem Banküberfall in der Schweiz einer der von Polizisten verfolgten Terroristen eine unbeteiligte Passantin erschoß, brach unter den Anarchisten selbst, besonders aber unter ihren wenigen noch vorhandenen Anhängern, heftige Kritik an dem Vorgehen gegen einfache Bürger aus. Ihre Gewaltaktionen sprachen gegen sie, wie auch das abstrakte Ziel nicht überzeugte. Dennoch beherrschten sie jahrelang die innenpolitische Szene – weil sie die höchsten Vertreter des Staates ins Visier genommen hatten. Sie wollten den Staat zerstören. Zwar war unser Staat keinen Augenblick lang in Gefahr, dennoch reagierte er mit Vehemenz.

Wenn wir uns von der emotionalen Betrachtung des Terrorismus freimachen (was nicht immer leicht ist) und versuchen, seine Taten vorurteilsfrei zu beurteilen, dann stellen wir drei Handlungsmotive fest:

Erstens: Geld besorgen durch Bankraub oder Geiselnahme, um sich zu finanzieren.

Zweitens: Geiselnahme zwecks Befreiung gefangener Terroristen.

Drittens: Mord an hohen Amtsträgern – als Zeichen des revolutionären Kampfes.

Subjektiv nehmen die Terroristen an, für ihr politisches Ideal der absolut gerechten Freiheit zu kämpfen. Objektiv aber schlägt diese vermeintlich politische Aktion in Verbrechen um, wie Herbert Marcuse 1975 nach der Besetzung der Deutschen Botschaft in Stockholm feststellte.[5] Es sei uns deshalb erlaubt, die Terroristen – trotz ihrer anderen Selbsteinschätzung – als Kriminelle zu betrachten: als Verbrecher, die gegen das Strafgesetzbuch verstoßen. Ihre Motive mögen sich von denen anderer Straftäter unterscheiden, doch das berührt uns im Ergebnis nicht und sollte auch den Staat nicht berühren in seinen Maßnahmen gegen den Terrorismus.

Auf die Rechnung der Terroristen gehen zahlreiche Bankeinbrüche, die sich auf ein Schadensvolumen von mehreren Millionen Mark belaufen, einige Entführungen, einige Dutzend Morde. Der Staat aber – wie gesagt – war zu keiner Zeit in Gefahr. Jedoch: in welchem Verhältnis stehen die terroristischen Taten zur Gesamtkriminalität? Diese Frage mag den einen oder anderen erschrecken, der gefühlsmäßig im Terrorismus eine größere Bedrohung sieht als in der gewöhnlichen Kriminalität. Die Frage dient auch nicht dazu, den Terrorismus zu verniedlichen, sondern sie soll nur zu einer weiteren führen, nämlich: Wie haben Regierung, Parlament und Justiz auf den Terrorismus reagiert – im Verhältnis zur übrigen Kriminalität.

Zusammengefaßt ergibt sich folgendes Bild: Von 22,4 Millionen Mark im Jahr 1969 stieg der Haushalt des Bundeskriminalamtes in zehn Jahren auf 200 Millionen Mark – das sind tausend Prozent mehr. Das Personal wurde verdreifacht. Bundesgrenzschutz und Zoll wurden in die Fahndungen einbezogen, Gesetze erlassen, um Rechtsanwälte zu gängeln, eine Mentalität breitete sich aus, die Bundesbildungsminister Schmude bei einem Vortrag in Hannover mit den Worten ausdrückte: »Wenn wir sehen, daß die Polizei etwas tut, wofür es keine Rechtsgrundlage gibt, dann müssen wir eine Rechtsgrundlage schaffen«. Zwar fügte er noch hinzu »... oder diese Praxis unterbinden«, doch das geschah nie. Die persönlichen Freiheitsrechte der Bürger wurden den antiterroristischen Maßnahmen in den meisten Fällen geopfert.

Die schweigende Mehrheit der deutschen Bürger nahm die Maßnahmen der Behörden hin, sie fühlte sich entweder nicht angesprochen oder aber war emotional so aufgeputscht, daß sie Intellektuellen, die vor Freiheitseinschränkungen warnten, »Sympathiesantentum« nachsagte und mit den Terroristen in einen Topf warf. Die Mehrheit der Bürger glaubte das bestehende System in Gefahr, und ihre Angst wurde von einigen Politikern noch geschürt, um vermeintliche Gesetze gegen den Terror durchsetzen zu können.

Schließlich mußten völlig Unbeteiligte erleben, wie übertrieben die Freiheit der Behörden erweitert worden war zum Nachteil der Bürger. Ein Beispiel, das für viele steht: Der sechsundsechzigjährige Leiter der pharmakologischen Abteilung der Bielefelder Asta-Werke, Professor Norbert Broch, Kuratoriumsmitglied der Deutschen Krebshilfe und international anerkannter Wissenschaftler auf dem Gebiet der Krebsforschung, bemühte sich jahrelang vergebens um eine Unbedenklichkeitsbescheinigung für seine Frau, die in den Verdacht gekommen war, Anführerin einer Terroristengruppe zu sein, die den Mord eines Diplomaten geplant haben sollte.

Die Frau des Professors, Mutter von fünf Kindern, war durch den Bericht eines V-Mannes des Verfassungsschutzes belastet worden. Der V-Mann stützte seine Information lediglich auf eine mitgehörte Unterhaltung, wonach eine »ganz wilde Professorin« aus Bielefeld als Terroristin gelte. Ungeprüft wurde der Name der Professorengattin sogar an einen ausländischen Geheimdienst weitergegeben – ausgerechnet an ein Land, in das der Professor häufig zu Kongressen fuhr –, und schließlich landete die Meldung sogar in einer Zeitung. Professor Broch befürchtete Racheakte, ließ eine Alarmanlage in sein Haus einbauen und kämpfte um eine öffentliche Rehabilitierung seiner Frau, die jedoch war nicht zu erhalten. »Durch diese scheußliche Diffamierung und durch Leichtsinn, Oberflächlichkeit, Gedankenlosigkeit, ja geradezu Pfuschertum in der Behandlung der ganzen Angelegenheit sind meiner Familie und mir Wochen der Aufregung, der Sorge, der Schlaflosigkeit, der Unruhe und des Leides beschert worden; ganz abgesehen von dem Zeitverlust und den Kosten, die mit dem Versuch der Abwehr und Aufklärung entstanden sind.«

Nicht einmal zu einer Namenstilgung aus den Akten waren die Behörden bereit; denn »für aufsichtsbehördliche und dienstrechtliche Maßnahmen besteht keine Veranlassung«, schrieb ihm der damalige Innenminister Professor Werner Maihofer.[6] Wenn eine so hochgestellte und über Beziehungen verfügende Persönlichkeit wie Professor Broch vor der Unmöglichkeit steht, seine Freiheit gegen die Übermacht des Staates zu verteidigen, wie mag es da dem öffentlich unbekannten Maurer, dem Postboten ergehen?

Anders handeln Regierung, Parlament und Justiz im Umgang mit der »gewöhnlichen« Kriminalität, obwohl man meinen könnte, der hier verursachte gesellschaftliche Schaden sei weitaus größer. Nehmen wir als Beispiel die Drogenverbrechen. Das finanzielle Volumen dieser Art von Kriminalität in der BRD liegt über einer Milliarde Mark, also um ein vielfaches höher als beim Terrorismus. Allein im Jahr 1979 gehen fast sechshundert Tote in der Bundesrepublik auf das Konto der Drogenhändler – weitaus mehr als der Terrorismus bisher gefordert hat, und die Zahl der Opfer von Drogenkriminalität gehen immer noch in die Hunderte. Es mag polemisch klingen, wenn man anführt, die sechshundert Drogentoten seien Unbekannte, sie würden verschwiegen, die Opfer der Terroristen seien hohe Würdenträger oder Polizisten, sie begleite die gesamte Presse zum Staatsbegräbnis, das vom Fernsehen direkt übertragen wird.

Es ist jedoch nicht polemisch festzustellen, daß weitaus weniger von Regierung, Parlament und Justiz unternommen wird, diese Art des Bandenkrieges gegen die Gesellschaft zu unterbinden. Wir brauchen nur zu vergleichen, mit welcher Eile neue Gesetze geschaffen wurden, um Radikalen oder gar Terroristen zu begegnen, aber mit welcher Schläfrigkeit, ja mit welchem erschreckenden Dilettantismus an einem Gesetz gegen Drogenverbrechen gewurschtelt wird.

Der Unterschied zwischen Terroristen und Drogenhändlern besteht darin, daß die Drogenhändler die Gesellschaft nicht verändern wollen, nicht beabsichtigen, die Institutionen aufzubrechen, keine absolut gerechte Freiheit anstreben, sondern nur ein Ziel im Auge haben: möglichst viele Millionen leicht zu verdienen – und sei es auf Kosten von -zig Menschenleben, von Menschen, die kaum auffallen, handelt es sich doch um »Ausgeflippte«, deren Tod von betroffenen Eltern und Verwandten peinlich verschwiegen, als handle es sich um Aussätzige, als beweise ihr Ausbrechen aus dem bürgerlichen Leben, daß die Erziehung der Familie versagt hat.

Mit allen Mitteln, bis an die Grenze der Demokratie, verteidigt sich der Staat, wenn der bestehende Zustand angegriffen wird. Da opfert er auch die Freiheit seiner Bürger. Weitaus gelassener reagiert der Staat, weitaus weniger Mittel setzt er ein, wenn es um den Schutz des einfachen Mitglieds der Gesellschaft (zum Beispiel vor Drogenverbrechern) geht.

Eine »freiheitlich demokratische Grundordnung« liegt unserem Staatswesen zugrunde, wenn wir den Parolen deutscher Politiker glauben. Heute klingt dieser Begriff leer, gehört in den Bereich der »sprachlosen Politik«, wo Worte keinen Inhalt haben. Mit ihm soll Freiheit an die Spitze des Wertsystems unserer Gesellschaft gestellt werden, obwohl – wie wir gesehen haben – sie auf der Skala der politischen Werte weit unten rangiert. Stabilität des bestehenden politischen, wirtschaftlichen und sozialen Lebens wird allen anderen Werten vorgezogen. Daran ändert auch nichts, daß in Randgebieten der Freiheit und der Gerechtigkeit Schneisen geschlagen werden – etwa wenn Bundestagsabgeordnete versuchen, ein Gesetz zur Gleichbehandlung der Frau durchzusetzen.

Die einmal gespürte Bedrohung durch diejenigen, die das System verändern wollen, hat die gewählten politischen Vertreter unseres Volkes veranlaßt, die 1949 ins Grundgesetz geschriebenen Freiheiten in weiten Teilen auszuhöhlen, Hygiene anzuwenden, um der Gesellschaft den Charakter eines Operationssaals zu geben, in dem die Institutionen keimfrei operieren können. Demjenigen, der sich den Gegebenheiten des Operationssaals anpaßt, ergeht es hier wohl, doch derjenige, der statt mit graugrünem Kittel und Atemmaske mit normaler Straßenkleidung eindringt, als handle es sich um ein Wohnzimmer, der wird eilig aufgefordert, sich umzuziehen – sonst wird er des Saales verwiesen.

Warum aber nehmen wir es hin, daß der Staat so mit uns und unserer doch eben erst errungenen Freiheit umspringt? Liegt es daran, daß uns noch kein bewußtes Verständnis von Freiheit gewachsen ist? Opfern wir unseren Anspruch auf Freiheit aus Angst vor Veränderung, aus Gehorsamsdenken? Sind unsere politischen Vertreter, ist der Staat, bestehend aus Regierung, Parlament, Justiz und Behörden, so stark geworden, daß er sich alles erlauben kann, ohne daß wir Bürger darauf reagieren?

Die Möbel der Demokratie

Wer lebt gern in einem Operationssaal, wenn ein Wohnzimmer doch gemütlicher ist und je nach persönlichem Geschmack eingerichtet werden kann. Von der Vernunft geleitet, würde sich fast jeder für ein mit Kissen, Sofas oder Sesseln möbliertes Zimmer entscheiden. Doch unser soziales Verhalten wird weitgehend von Kräften bestimmt, die außerhalb der Vernunft stehen, schauen wir uns doch um in unserer eigenen Umgebung, in der Familie, am Arbeitsplatz, im Rotary oder im Ortsverein. Da scheint das Anormale, Unvernünftige plötzlich als das einzig Mögliche, da wird das Wohnzimmer eben zum hygienischen Raum. Zum Abteilungsleiter ernennt man nicht den, der am besten die Arbeit verrichtet, sondern den, der sich dem Hauptabteilungsleiter am besten anpaßt, ihm am besten gehorcht, ihm aber auch am wenigsten Angst einflößt. Da wird gehorcht, obwohl aus schlechter Laune barer Unsinn befohlen wurde.

Nicht nur unser bewußtes soziales Verhalten, sondern ebenso unbewußt wirkende Kräfte steuern unsere Gesellschaft, die wir doch seit der Aufklärung mit wachsendem Erfolg auf Vernunft gründen wollen. Da unbewußtes Reagieren im Widerspruch zur Vernunft steht, verhindert es die Verwirklichung unserer gesellschaftspolitischen Ziele, wie wir sie uns bewußt entworfen und etwa im Grundgesetz festgeschrieben haben.

Angst

Wir können im täglichen Leben an uns selbst beobachten, wie Angst und Furcht uns zu Fehlhandlungen verleiten. Da fürchten wir uns nicht nur vor dem Zahnarzt, sondern auch vor dem Telefon, vor der Werbung, vor dem Einkaufen. In einer Gesellschaft, in der die aktive Jugend verherrlicht wird, scheint die Furcht zu altern berechtigt, denn wer mit fünfundfünfzig den Job verliert, hat kaum noch Aussicht auf eine neue Anstellung, wer mit siebzig Freunde und Verwandte verliert, dem bleiben als einziger Kontakt manchmal nur noch die Tauben im Stadtpark. In der Furcht, alt zu werden, leben Frauen, die das von der Gesellschaft begehrte jugendliche Schönheitsideal an sich selbst mit Gesichtsoperationen erhalten wollen. Das alles sind Ängste, bei denen wir – obwohl selbst betroffen – immer noch ein ironisches Lächeln von uns geben, wenn in Gesellschaft darüber gesprochen wird.

Die Furcht vor Krebs, vor Atom, vor der Genmanipulation, die Furcht vor unkontrollierbaren Erfindungen der Technik wiegen schwerer und führen den Menschen zum politischen Handeln: die Bürgerinitiativen gegen Atomkraftwerke haben immerhin zur Gründung der »Grünen Partei« geführt.

Furcht unterscheidet sich von Angst dadurch, daß sie sich gegen etwas Bestimmtes richtet – man fürchtet sich etwa vor dem Wolf –, Angst aber zielt auf kein festes Objekt. Man will den dunklen Wald nicht durchqueren, weil man Angst hat. Im Sprachgebrauch wird dieser Unterschied häufig verwischt. Furcht kann leicht in Angst umschlagen. In einer Arbeit über die psychischen Wirkungen der Luftangriffe des Zweiten Weltkriegs in der Bevölkerung hat Friedrich Panse festgestellt, daß die Furcht, von einer Bombe getroffen zu werden, leicht einer allgemeinen Angst weichen kann. »Furcht hat ein bestimmtes Objekt, vor dem man fliehen kann, das man ertragen oder angreifen kann, um es zu beseitigen. Man kann an ihm, mit einer Formel der Psychologie ausgedrückt, partizipieren, man kann es besiegen oder wenigstens seine Ausstrahlung auf die Seele verarbeiten. Abwehr oder Flucht können die Furcht sozusagen auflösen; ist dieser Ausweg aber versperrt, wird der von der Bedrohung ausgehende Eindruck in Angst umgesetzt.«[7]

Auch heute noch läßt der Gedanke an Krieg, an die Bedrohung durch die Russen bei den Deutschen, besonders bei den Älteren, die den letzten Weltkrieg und seine Greuel erlebt haben, Realängste (auch Existenzängste genannt) aufkeimen, weil das Leben bedroht scheint. Ob Angst wirklich oder nur eingebildet ist, entscheidet nicht über den Grad der von ihr ausgehenden seelisch-körperlichen Erregung, die aus dem Unterbewußtsein aufsteigt.

Was Angst bei Menschen auslösen kann, wird immer wieder an dem berühmt gewordenen Beispiel der New Yorker Massenpanik von 1938 dargestellt. Am Sonntag, den 30. Oktober 1938, strahlten zweiundneunzig Rundfunkstationen abends ein Hörspiel von Orson Welles aus, dessen Handlung auf dem Roman von H. G. Wells »War of the Worlds« basierte.

In der Form einer aktuellen Reportage wurde die Landung von Marsmenschen südlich von New York gemeldet. Millionen von Radiohörern verstanden die – als Hörspiel angekündigte – Sendung als Tatsachenbericht und verließen fluchtartig New York. Andere Beispiele aus der Geschichte sind bekannt, etwa die »grande peur« in Frankreich von 1789 (kurz vor dem Sturm auf die Bastille). In verschiedenen Ortschaften tauchten Gerüchte von einer anrückenden deutschen, spanischen, englischen oder polnischen Armee auf, woraufhin Pfarrer die Sturmglocke läuteten, Frauen und Kinder in die Wälder geschickt wurden und die bewaffnete Bürgerschaft dem vermutlichen Feind entgegenzog – der unauffindbar blieb.

Dies sind Beispiele einzelner angsteinflößender Geschehnisse, die hinterher aufgeklärt wurden – und heute in einer Zeit der elektronischen Medien, kann Beruhigendes in wenigen Minuten mitgeteilt werden. Angst kann aber auch entstehen durch ausschnittweise verabreichte Informationen, die am Ende ein falsches Bild von der Wirklichkeit in der Vorstellung des einzelnen ergeben. Ja, die Gesellschaft kann Zwänge aufbauen, die so stark wirken, daß der einzelne versucht, ihnen zu folgen, aus Angst, sonst nicht das Richtige zu tun, obwohl seine Handlung im starken Gegensatz zu den eigenen Wünschen steht.

Der Mensch folgt den Zwängen, weil Angst ihn daran hindert nachzudenken. Der Verängstigte nimmt eine angsteinflößende Botschaft wie »die Marsmenschen sind gelandet« als Tatsache hin und handelt entsprechend unvernünftig. Statt besonnen zu überlegen, aßen bei der New Yorker Panik Familien ihre Vorräte auf, packten das Nötigste zusammen, beteten und flohen. So wirkt Angst als Denkhemmung und schaltet die Vernunft aus.

Wir können zwei Arten von Angst unterscheiden, von denen die eine sich, wie eben geschildert, als Folge von Furcht äußert, also mit großer Anstrengung oder durch Aufklärung überwunden werden kann. Die zweite Art von Angst – Lebensangst – aber wohnt jedem Menschen inne, ohne daß eine äußere Furcht auf ihn einwirkt. Der christliche Glaube sieht den Grund für sie in der Erbsünde; mit dem Biß in den Apfel wurde Adam und Eva bewußt, daß sie leben. Zugleich überfiel sie eine Angst vor dem Nichts, vor der Sinnlosigkeit, vor Schuld und Sühne, eine Angst also, die das politische Geschehen aller Zeiten bestimmte, besonders aber dieses Jahrhundert. Lebensangst drückt »Der Schrei« von Edvard Munch aus: »eine vielleicht so noch nie gewesene Lebensangst ist der unheimliche Begleiter des modernen Menschen«, so beschreibt Karl Jaspers die geistige Situation der Zeit.[8]

Während die Angst, die von der ausgestrahlten Rundfunksendung in New York ausging, aufgelöst werden konnte durch die Meldung, es seien keine Marsmenschen gelandet, die Reportage sei eben nichts als ein Hörspiel gewesen, kann die Lebensangst nicht durch eine noch so überzeugende Meldung, daß die Welt in Ordnung sei, niedergeschlagen werden. Lange Zeit war eine der Funktionen der Religion, in Gott dem Allmächtigen die Figur zu sehen, die Sünden verzeihen wird, die das Schicksal lenkt, die das Leben vor der Sinnlosigkeit rettet und die Angst vor dem Nichts – nach dem Tod – mit dem Versprechen des Paradieses beantwortete. Je mehr Gott und die Religion seit der Aufklärung aus dem Leben des Menschen schwanden, desto bewußter wurde sich der Mensch, daß der Gedanke an ein Nichts, eine Sinnlosigkeit, an Schuld und Sühne in Selbstverantwortung bewältigt werden muß.

Der Lebensangst kann keiner entweichen, bei jedem findet sie sich mehr oder weniger stark ausgeprägt, denn sie entsteht während der Zeit, in der sich der Mensch vom Kleinkind zum selbständigen Individuum entwickelt, wenn das Kind in den verbotenen Apfel beißt und sich seiner Umwelt bewußt wird. Zwar erhalten wir mit der Geburt durch die Trennung der Nabelschnur eine biologische Eigenständigkeit, doch hängen wir noch lange Zeit von der Mutter ab, die uns ernährt, pflegt, mit Zärtlichkeit umhegt. Erst langsam lernen wir die Innenwelt von der Außenwelt zu unterscheiden und zwischen *Ich* und *Du*. Im Verlauf dieses Erziehungsprozesses entwickeln wir uns zu einem eigenständigen Individuum und lernen durch Verbote und Strafen den Widerspruch zwischen eigenen Wünschen und gewährten Möglichkeiten zu erkennen. Bis ein Kind Innen- und Außenwelt voneinander trennen kann, unterwirft es sich der Autorität der Eltern. Doch das Streben nach Freiheit und Selbständigkeit wächst, je mehr das Kind diese primären Bindungen verliert und seine eigenen Wünsche und Vorstellungen entwickelt. Die primären Bindungen aber bedeuteten Sicherheit, Geborgenheit – zwar Unterordnung unter eine (elterliche) Autorität, aber auch vereint sein mit der äußeren Welt.

Je mehr der junge Mensch zu sich selbst findet, sondert er sich von der übrigen Welt ab und findet sich plötzlich allein. Jetzt, wenn das Individuum für sein Handeln eigenverantwortlich wird, tauchen unbekannte, in ihrer Bedrohung nicht abzuschätzende Gefahren auf. Zwar wird der Mensch selbständig, doch die Lösung aus der unmündigen Geborgenheit erkauft er sich mit dem Gefühl von Ohnmacht und Angst. Jetzt, wo das Kind *frei* geworden ist *von* Bindungen, *frei zur* Entwicklung des eigenen Ich, muß es selbst entscheiden, wie es auf diese Angst reagieren will. In diesem Augenblick unternimmt es seine erste politische Handlung, nämlich, wie es seine Beziehung zur Außenwelt, zu anderen Menschen regeln wird. Das Kind kann der Sehnsucht nach Mutterschoß und voller Geborgenheit nachgeben und versuchen, die gerade gewonnene Selbständigkeit rückgängig zu machen, was aber unmöglich ist. Es bleibt nur die Unterwerfung unter eine neue Autorität. Doch weil das Kind sich seiner einmal gewonnenen Eigenständigkeit bewußt bleibt, vermehrt es seine Unsicherheit und bewirkt Aggressionen gegen die Autorität.

Sich zu unterwerfen, mag als einfache Lösung erscheinen; doch sie führt zur Unselbständigkeit und dadurch später zu großen Schwierigkeiten, das Leben selbstverantwortlich gestalten zu können. Lebensangst können wir aber auch anders überwinden, als uns einer Autorität unterzuordnen.

Das Kind kann die eigene Persönlichkeit weiterentwickeln und versuchen, einen Einklang zwischen sich und der Umwelt herzustellen, also den Weg zur Selbstbestimmung einschlagen, was eigenes Handeln voraussetzt. »Es gibt nur einen Sinn des Lebens«, sagt Erich Fromm in diesem Zusammenhang[9], »das Wirken des Lebenden selbst. Wenn das Individuum den Grundzweifel – den an sich selbst und an seiner Stellung im Leben – überwindet; wenn es sich der Welt in spontanem, lebendigem Wirken vermählt, gewinnt es die Kraft der Persönlichkeit; es gewinnt Selbst-Sicherheit.«

Wie nun wirkt sich die Lebensangst, besonders die von uns Deutschen, politisch aus? Wie beeinflußt sie das Streben der Zwanzigjährigen nach Weiterentwicklung unserer Gesellschaft? Da alle Bürger individuell die Entwicklung zur Selbständigkeit durchmachen, können wir bei größeren Gruppen in groben Umrissen die gleichen sozialpsychologischen Mechanismen erkennen wie beim einzelnen: auch bei einer Masse läßt sich der Wunsch erkennen, vor Einsamkeit und Angst zu fliehen.

Ähnlich unserer Reaktion als Kind in den Mutterschoß zurückkriechen zu wollen, um beschützt zu sein, kann auch in einem Volk die Tendenz verborgen sein, aus der Freiheit zu fliehen, um die eigene Unabhängigkeit aufzugeben und sich einem Clanchef, einem Häuptling, einem Führer oder einer Idee, einem politischen Leitmotiv unterzuordnen. Es ist also durchaus denkbar, daß die Idee der Stabilität einem Volk hilft, Lebensangst zu verlieren. Wir beobachten dieses Phänomen heute nicht zum erstenmal.

Denn als das deutsche Volk nach dem Ersten Weltkrieg die Freiheit zur Selbstbestimmung zum erstenmal erhalten hatte, man frei war von den Bindungen, den Befehlen des autoritären Kaiserstaates und nun endlich das Wählervolk über seine eigenen Wünsche und Vorstellungen entscheiden konnte, führte die gewonnene Eigenständigkeit besonders bei den kleinbürgerlichen Schichten zu einer Unsicherheit, die Gefühle von Angst und Alleingelassensein verursachte.

Die Autoritäten, denen man sich bisher untergeordnet hatte, die Bindungen, die Handlungsgrenzen, aber auch -richtlinien bestimmten, hatten verantwortliches Denken und Handeln abgenommen. Jetzt mußte man selbst entscheiden, ohne es gelernt zu haben. Daraus ergab sich eine der Schwächen der Weimarer Republik.

Während einzelne Gruppen, wie etwa große Teile der Arbeiterklasse, den Weg zur Selbstbestimmung suchten, wählte ein großer Teil der Bevölkerung die Unterwerfung (und zwar mit Wahlzetteln), um die eigenverantwortliche Selbständigkeit abzugeben, um die Last der eben erlangten Freiheit loszuwerden. Die Mehrheit der Deutschen ordnete sich schließlich dem Führer Hitler unter und der nationalsozialistischen Idee, einer Person und einer Macht, die sie als überwältigend stark empfand.

Die Nazis, die in allerkürzester Zeit eine der schrecklichsten Diktaturen der Welt errichteten, wurden durch Reichspräsident und Parlament nach den Regeln der Verfassung in den Sattel gehoben und konnten sich an der Macht halten, weil sich die Mehrheit des Volkes geborgen fühlte: die Einsamkeit löste sich in der Volksgemeinschaft auf, die Angst vor der Außenwelt nahm der mächtige, alles entscheidende Führer. Man brauchte nur zu gehorchen. Dennoch entstanden Aggressionen, nicht nur bei den bewußt, politischen Widerstand Leistenden, sondern auch bei denen, die sich an ihre frühere Eigenständigkeit erinnerten, sie aber freiwillig aufgegeben hatten. Selbst diese Aggressionen konnten die Nationalsozialisten zur Durchführung ihrer Ziele nutzen, zur Vernichtung des Feindes, der Juden und politischen Gegner, schließlich für den Weltkrieg.

Die Taten des deutschen Volkes während des Dritten Reichs führten nach dem verlorenen Weltkrieg zu einer anderen Angst: Sie gründete in der Schuld, die man auf sich geladen hatte. Denn auch Bewußtsein von Schuld erzeugt Angst.

Von dieser »kollektiven Schuld« glaubte der einzelne sich befreien zu können, indem die Verantwortung für das Geschehene auf das ferne Gebiet der Politik geschoben wurde, das es in Zukunft zu meiden galt. Väter redeten mit ihren Kindern nicht über die Zeit des Dritten Reichs, in Schulen hörte der Geschichtsunterricht spätestens 1848 auf, und heute noch hört man immer wieder das Argument, man solle Vergangenes auf sich beruhen lassen und endlich die »Nazihatz« beenden, schließlich waren viele von ihnen wieder an der Macht. Das kulturelle und private Leben der Deutschen wurde durch Verdrängung von Schuld angstfrei. Nur wenige wesentliche literarische Werke befaßten sich mit Angst und Schuld aus jener Zeit. Politisch allerdings wirkt die Angst um so mehr. Sie entpuppt sich als Angst *vor* der Politik.

An einer Anzahl von politischen Vorgängen läßt sich diese politische Angsthaltung verdeutlichen. Mit ihrer distanzierten Einstellung zu dem Begriff »Deutschland« zeigt die Bevölkerung der Bundesrepublik in den ersten fünfzehn Jahren des neuen Staates einen fehlenden Nationalsinn, einen bewußten Verzicht auf Identität. Europa heißt jetzt das Ziel als Ersatz für den im Dritten Reich überstrapazierten Nationalismus. Anders als bei uns, treffen Staaten wie die Schweiz, England, die USA – ganz zu schweigen von Frankreich – politische Entscheidungen, die selbstverständlich auf die nationalen Gefühle der Bevölkerung Rücksicht nehmen.

Selbst Anfang der achtziger Jahre wirkt die Schuldangst noch in unseren außenpolitischen Beziehungen. Treffend charakterisierte Willy Brandt diese Angst, als er die Bundesrepublik einen wirtschaftlichen Riesen, aber einen politischen Zwerg nannte. So wurde die Bundesrepublik im Januar 1979 zum erstenmal zu einem Gipfeltreffen mit den USA, Großbritannien und Frankreich nach Guadeloupe eingeladen, doch in der Öffentlichkeit wurde nicht bekannt, daß Bundeskanzler Schmidt über seinen Freund Valéry Giscard d'Estaing wesentlich am Zustandekommen der Konferenz mitgewirkt hatte. Die Angst der Deutschen, in der Weltpolitik aufzufallen, ist eines der Geheimnisse jener besonderen politischen Beziehungen zwischen Giscard und Schmidt.

In der DDR schlug die Schuldangst in Aggressivität gegen die Bundesrepublik um – den »eigentlichen Hort der Nazis«. Damit glaubt sich die DDR-Gesellschaft von ihrem Teil an der Schuld befreit.

Bei uns aber hat die Aggressivität des Ostblocks neue Ängste heraufbeschworen, die Furcht vor dem Kommunismus. Die gleichen Ängste – nur eben in umgekehrter Richtung – bestehen bei den Bevölkerungen der kommunistischen Staaten, denn aus der Wirklichkeit des Zweiten Weltkriegs und des nachfolgenden Kalten Kriegs baute jede Seite Feindbilder auf. Obwohl die Furcht vor politischen Experimenten der Bundesrepublik stabile politische Regierungen bescherte, herrscht eine immense Furcht vor den Kommunisten, die die Gesellschaft »unterwandern wollen«. Der Kommunismus wurde zum »eingebauten Feind«, zum »horror alieni«, und dient immer dann als Begründung politischen Handelns, wenn Rechts- und Freiheitsbeschränkungen durchgesetzt werden sollen. Dies und jenes muß durchgeführt werden, sonst kommt der Kommunismus. Wir haben Angst vorm schwarzen Mann.

»Der Anti-Kommunismus ist die Grundtorheit des 20. Jahrhunderts«, meinte Thomas Mann[10], dem wirklich keine linken Tendenzen nachgesagt werden können. Denn zum einen dient Anti-Kommunismus zur Entlastung von der nationalsozialistischen Schuld. Mit der Totalitarismustheorie versuchte man die strukturelle Verwandtschaft von Kommunismus und Faschismus nachzuweisen. Durch eine allzu einfache Gleichsetzung kann sich jeder, der als Anti-Kommunist auftritt, gleichsam auch als Anti-Faschist bezeichnen: und so wäscht man sich rein.

Zum anderen führte Angst vor dem Kommunismus zum Radikalenerlaß, zur Aufgabe individueller Freiheiten. Wie Angst, setzt auch das Feindbild Denkhemmungen. War früher der Jude an allem schuld, hat heute der Kommunist diesen Platz eingenommen. Welche Begründung kann es geben für die politische Überprüfung der Betriebsräte in allen größeren deutschen Unternehmen durch den Verfassungsschutz – außer der vom Anti-Kommunismus ausgehenden Angst? Dem auf zahlreichen deutschen Bühnen aufgeführten Dramatiker Franz Xaver Kroetz, damals noch Mitglied der DKP, wurde die Teilnahme an einem Werkstattgespräch an der Münchener Universität verboten. Welche Gründe kann es dafür geben, außer einer übertriebenen Angst? »Mit anerkennenswertem Mut hat die Universitätsleitung eingeräumt, daß sie nicht das Niveau an Bildung und Kenntnissen bereitstellen kann, das einen Studenten befähigt, einem kommunistischen Schriftsteller zu lauschen, ohne Schaden an seiner Seele zu nehmen«, schrieb dazu sogar die »Frankfurter Allgemeine Zeitung«.[11]

Während gerade konservative Politiker wie Franz Josef Strauß kommunistische Länder à la China entdecken, denen sie auf außenpolitischer Ebene entgegenkommen, um sich gegen andere kommunistische Staaten zu verbünden, verzichtet man im Inneren darauf, zwischen Kritikern und Andersdenkenden einerseits und einer wirklichen Bedrohung des Systems andererseits zu unterscheiden; denn mit dem Anti-Kommunismus hat man ein Mittel gefunden, Kritik und Kritiker zu domestizieren.

Während das Bundesverfassungsgericht jedem Bürger das Recht einräumt, kommunistische Gedanken zu haben, wird die Äußerung dieser Gedanken mit Sanktionen bedacht. Dieser Zustand unterscheidet sich nicht von der Wirklichkeit in kommunistischen Staaten, etwa China, wo der Verfassung nach jeder frei ist, an die ihm genehme Religion zu glauben, er dafür jedoch keine »Propaganda« machen darf.

Verstärkt wurde der Antikommunismus als innenpolitische Angstwaffe nach den Studentenunruhen von 1967/68 eingesetzt, als zum erstenmal eine ganze Generation das bestehende System verändern wollte. Die Stabilität war in Gefahr wie noch nie zuvor. Innerhalb weniger Jahre aber war die Gefährdung gebannt, zum Schaden der Gesellschaft, wenn man liest, welche Eindrücke von der geistigen Einstellung der Studenten Pastor Heinrich Albertz von einem Besuch der Universität Tübingen im Juni 1979 mitbrachte[12]:

»Die Mischung aus politischer Schnüffelei, Numerus Clausus (oder überfüllten Hörsälen und Seminaren) und reduzierten Berufsaussichten hat ein Mißtrauen und eine Angst erzeugt, die einem aufmerksamen Besucher von außen wie eine giftige Welle entgegenschlägt. Mangelndes Vertrauen zu den Lehrenden, zur Institution ›Universität‹ als eine Staatsanstalt für die Dressur bequemen akademischen Nachwuchses, zum Staat selbst, der nach allem, was gerade in Baden-Württemberg geschehen ist, fast nur noch als kontrollierender Obrigkeitsstaat erscheint.«

Wie tief der Antikommunismus das Denken selbst der Behörden einschränkt, schildert der Fall des Lehrers Uwe Hüttmann aus Kleve. Hüttmann wurde wegen seiner Mitgliedschaft in der DKP im November 1980 aus dem Schuldienst entlassen. Wegen seiner politischen Meinung war schon seine Aufnahme in den Segelklub der Stadt abgelehnt worden. Hüttmann und seine Frau wollten aus persönlichen Gründen auf eigene Kinder verzichten und statt dessen ein kleines Kind in Pflege nehmen, beantragten aber schließlich auf Anregung des Stadtjugendamtes die Pflegschaft für ein fünfzehnjähriges Mädchen. In einem Schreiben vom Januar 1981 wurde Hüttmanns Antrag vom Ersten Beigeordneten der Stadt, Wilhelm Pfirrmann, mit der Begründung abgelehnt, Pflegeeltern müßten nicht nur das leibliche, sondern auch das geistige Wohl des Pflegekindes gewährleisten. »Diese Gewähr ist bei Ihnen, Herr Hüttmann, nicht gegeben«, heißt es in dem Behördenschreiben wörtlich: »Wenn Sie auch eine strafbare politische Tätigkeit nicht entfaltet haben, so steht fest, daß Sie aktives Mitglied der DKP sind.« Eine Erziehung nach den gewünschten Richtlinien der freiheitlich-demokratischen Grundordnung stehe »insbesondere bei DKP-Mitgliedern im Zweifel«. Die Zweifel des Beigeordneten Pfirrmann gehen jedoch noch weiter, nämlich auf die Frage einer Reporterin des WDR, ob man DKP-Eltern dann nicht grundsätzlich das Sorgerecht – auch für die eigenen Kinder – entziehen müsse, antwortete er, diese Frage tauche auch immer wieder auf, aber »ob man Eltern, die DKP-Mitglieder sind, das Personensorgerecht (für die eigenen Kinder, Anm. d. Autors) entziehen müßte, sei zu überprüfen«. Auch in der DDR dürfen nur parteikonforme und zuverlässige Eltern Kinder adoptieren – aus umgekehrten Gründen, aber gleichem Denken. Man fürchtet sich vor dem Vergleich, doch hier scheinen die Gedankenstrukturen derer durchzuschimmern, die im Dritten Reich die Nürnberger Rassengesetze entwarfen.

So machen die Fünfzigjährigen – aus der eigenen Furcht vor einer Änderung des bestehenden Systems und vor dem Verlust der Stabilität – den Zwanzigjährigen angst, um deren Unterwerfung zu erreichen: mit einigem Erfolg, wie die Schilderung von Pastor Albertz zeigt, doch der Erfolg ist zweifelhaft. Denn diese Angst führt zu erkennbaren Denkhemmungen, und zwar nicht nur in der Politik, sondern in allen gesellschaftlichen Bereichen, so auch in der Wissenschaft. Professoren beklagen, daß Studenten bestimmte wissenschaftliche Themen aus Angst, später Nachteile zu erleiden, nicht mehr behandeln wollen. Doch gerade die Wissenschaft kann nur dann die angestrebten Ergebnisse erzielen, wenn Denkschranken abgebaut werden.

Das zwanzigste Jahrhundert mit seinen politischen Wirren hat eine Reihe von großartigen Wissenschaftlern hervorgebracht, die aufgrund ihrer jüdischen Herkunft durch verschiedene Kulturkreise fliehen mußten, großes Leid erlitten, aber auch Denkhemmungen, die sie in ihrer ursprünglichen Heimat übernommen hatten, abwarfen. So erklärte mir Edward Teller, der sich ungern als Vater der Wasserstoffbombe bezeichnen läßt, aber es dennoch ist, sein Vorteil gegenüber anderen Wissenschaftlern habe gerade darin bestanden, daß er in Ungarn aufgewachsen sei, dann in Deutschland bei Heisenberg als Assistent gelernt, in Dänemark geforscht habe, um schließlich, vor den Deutschen fliehend, in den Vereinigten Staaten zu landen. Mit jedem Wechsel aus einem Kulturkreis in einen neuen habe er Ängste, Denkhemmungen abgelegt, neue – vor

Ort existierende – Ängste aber nicht angenommen, da er die gesellschaftlichen Mechanismen der neuen Umgebung nicht kannte.

In der Bundesrepublik aber bauen wir immer stärkere Ängste auf, angeblich um unsere Stabilität nicht zu verlieren. Dabei begeben wir uns der notwendigen gesellschaftlichen Entwicklung, die durch Veränderungen der wirtschaftlichen und politischen Lage angebracht wäre. Stellen wir uns ein Unternehmen der Brillenbranche vor, das eine neu entwickelte Maschine kauft. Die Maschine verbilligt die Produktion – würde aber auch, wie ein junger Meister erkennt, durch einige Umbauten verbessert, die Herstellung neuer Brillen in großem Umfang erlauben, ohne die bisherige Produktion wesentlich zu beeinträchtigen. Der alte Herr des Unternehmens meint: »Die Produktion wird nicht erweitert, unser Sortiment hat einen alten Ruf, den wir mit neumodischem Kram verderben ...« Fängt der junge Meister nun im Betrieb an, sich gegen den alten Herrn aufzulehnen, wird er entweder mit Drohungen geduckt oder – besteht er weiterhin auf seiner Meinung – entlassen. Meistens wird er sich einordnen, und kommt ihm wieder eine Idee, dann wird er sie nicht vorbringen, aus Furcht vor der Reaktion des alten Herrn.

Nun kann ein Mitglied der Gesellschaft weder kündigen noch entlassen werden. Unsere althergebrachten Mechanismen, soziale Konflikte zu lösen, taugen nicht mehr für die gesellschaftlichen Probleme der Zukunft.

Da die Zwanzigjährigen nicht das Bedürfnis haben, sich dem Ideal der Stabilität unterzuordnen, um ihre Lebensangst zu ertragen, sondern bereit sind zu handeln, um so den Einklang zwischen sich und der Umwelt herzustellen, fördern sie die Angst der Fünfzigjährigen.

Die Fünfzigjährigen, die in Zeiten von Unsicherheit und

Not aufwuchsen, stellen plötzlich fest, daß sich im Bewußtsein ihrer Nachkommen ein starker Wandel vollzogen hat, der das kollektive Denken bald beeinflussen wird. Während die Aufbaugeneration ideelle Werte dem *Haben* opferte, wollen die Zwanzigjährigen über die Verwirklichung ihrer Bedürfnisse, die eine Einheit von Individuum und Natur zum Ziel haben, selbst bestimmen. Nicht der Mercedes oder der Farbfernseher, nicht die Zweitwohnung in Mallorca oder das Schwimmbad im Garten sind wichtig, sondern ein anderes Leben. Die Forderung nach einem »anderen Leben« klingt für einen Fünfzigjährigen auf den ersten Blick kindisch, unausgegoren – pauschal. Wer dreißig, vierzig Jahre in der Mühle des Apparates gesteckt hat, kann oder will sich nicht vorstellen, daß ein anderes Leben möglich ist. Viele aber haben heute schon den Weg zum anderen Leben – zu anderen Arbeits- und Lebensmöglichkeiten – gewählt, den Weg in die »Alternative«. Man zieht sich zurück aufs Land, auf einen Bauernhof, wird Selbstversorger, man ist materiell ärmer, aber ideell glücklich.

Der Weg in die Alternative ist allerdings auch eine Flucht. Die Auseinandersetzung mit den Fünfzigjährigen entfällt, man versucht nicht die neuen Gedanken in die Gesellschaft einzubringen und durchzusetzen. Auch dieses Verhalten entspringt letztlich der Angst. Als Gegner der eigenen Vorstellungen erscheinen übermächtige anonyme Institutionen, die man glaubt, nicht fassen zu können. Hatte 1968 noch Rudi Dutschke den Marsch durch eben diese Institutionen gefordert, sehen die Zwanzigjährigen mehr als ein Jahrzehnt nach der Studentenrevolte, daß dieser Schritt, mit neuen Gedanken gegen die alten Schranken anzugehen, voraussetzt, daß man die zermürbende Routine des täglichen Kompromisses erträgt, ausdauert, Rückschläge hinnimmt und widerstandsfähig bleibt. Die meisten der Veränderer von 1968 besaßen diese Stärke nicht. Sie stellten fest, daß die Institutionen, die unser Gemeinwesen regulieren, nach einem besonderen Prinzip funktionieren, nämlich dem des Gehorsams.

Obrigkeitsdenken

Ein bayerischer Till Eulenspiegel dachte sich vor wenigen Jahren einen Scherz aus, der so klug auf die Mentalität der Betroffenen zugeschnitten war, daß – wie in Schilda – ihn alle ernst nahmen.

Es begann im Sommersemester 1977 in Erlangen, als ein Rundbrief mit der Unterschrift des Kanzlers der Universität, Köhler, an alle Abteilungen, Seminare und Bibliotheken der Lehranstalt gesandt wurde. Brief und Unterschrift waren gefälscht, doch das fiel niemandem auf. Inhalt des Schreibens war das Verbot verschiedener Schriften an der Universität, die nicht mit dem demokratischen Bildungsauftrag der Hochschule vereinbar seien – darunter Werke von Brecht, Böll, Marx und so weiter.

Auslöser der Ereignisse war ein tatsächlich ergangener Beschluß des Amtsgerichts Nürnberg gegen einen Untersuchungshäftling, dem die Ausleihe der Bücher »Der Ekel« von Jean Paul Sartre, »Kursbuch 37«, »Staatlichkeit und Anarchie«, »Zeit der Reife«, auch von Sartre, »Der große Basar« von Daniel Cohn-Bendit, »Der Mensch ist anders« von Dieter Duhm nicht genehmigt wurde. Bei den Büchern – so hieß es – handele es sich um Druckerzeugnisse, die die freiheitliche demokratische Grundordnung in Frage stellen und die in ihrer Gesamttendenz mit den Zielen des modernen Untersuchungsvollzugs nicht zu vereinbaren seien.

Dieser Beschluß – Tucholsky hätte ihn kaum satirischer

zu formulieren vermocht – war dem gefälschten Aushang des Kanzlers der Erlanger Universität beigefügt, als Orientierungshilfe dafür, welche Bücher den Studenten künftig vorzuenthalten seien. Als Begründung für diesen drastischen Schritt schrieb »Kanzler Köhler«: »In vollem Bewußtsein der großen Verantwortung, die die Universität sowohl für Erhaltung der freiheitlichen demokratischen Ordnung im allgemeinen als auch für die Erziehung staatsbürgerlicher Fähigkeiten der Studenten im besonderen trägt, sowie in großer Sorge um Bestand und Fortführung der an ihren Institutionen in Freiheit betriebenen wissenschaftlichen Tätigkeiten, werden alle Studierenden und Lehrenden nochmals darauf hingewiesen, daß Lektüre, Weitergabe und Vervielfältigung von Schriften bestimmter Autoren auf keinen Fall mit dem demokratischen Bildungsauftrag dieser Universität vereinbar sind. Autoren, von denen mit an Sicherheit grenzender Wahrscheinlichkeit staatsabträgliche und demokratiefeindliche Positionen angenommen werden können, und deren Lektüre innerhalb des Seminarbetriebs sich nicht mit dem demokratischen Bildungsauftrag der Universität deckt:

B. Brecht (mit Ausnahmen),
M. Bakunin (sämtliche),
Rudi Dutschke (sämtliche).«

Aufgeführt wurden knapp zwanzig Namen – Heinrich Böll, Karin Struck, Günther Herburger sind auch darunter. In diesem Brief steckt die ganze Leere, die, mit Worthülsen gefüllt, die »Ideologie« des bundesrepublikanischen Gesellschaftsvertrages ausmacht. Die Wirkung dieses gefälschten Briefes erinnert an Köpenick: die Studenten nahmen den Aushang zur Kenntnis, fragten, ob dieses oder jenes Seminar ausfalle, ob es nun noch einen Seminarschein für dieses oder jenes Referat gebe, und zeigten damit ihre Hauptsorge – nämlich fertig zu studieren, und sei es eben unter den erschwerten Bedingungen des Obrigkeitsstaates. Gehorchen statt Denken.

Einige Studenten sollen echte Betroffenheit geäußert haben, meinten, man müsse etwas tun, wenn dies wahr sei – wovon sie trotz leichter Zweifel ausgingen –, und diskutierten den Brief mit anderen. Doch in keinem einzigen Seminar wurde über diese Ungeheuerlichkeit geredet. Ohnmacht, Resignation und die Bereitschaft, sich zu unterwerfen, waren die »normale« Reaktion. Auch die Linken, die sich fast ausnahmslos von der Fälschung täuschen ließen, handelten nicht. Der Spuk fiel erst auf, als eine Studentin in der Universitätsbibliothek Bücher von Herbert Marcuse ausleihen wollte und ihr diese mit dem Hinweis auf den Brief des Kanzlers nicht ausgehändigt wurden. Nicht nur die Studenten hatten den Brief ohne Protest hingenommen, nein, die Angestellten der Universität zeigten sich bereit, das Verbot durchzuführen! Keiner kam auf den Gedanken, dieser eigentlich ungeheuren Maßnahme, die im Widerspruch zu unserem Grundgesetz steht, sofort entgegenzutreten.

Wahrscheinlich hatte der gefälschte Brief des Kanzlers Köhler solch einen Erfolg, weil die Einschränkung »linker« Gedanken, »systemverändernder« Ideen als Nachwehe der Studentenunruhen zur Zeit des Terrorismus von der Mehrheit getragen wurde. Es entstand ein Klima der Unterdrückung, in dem das Gehorchen sofort einsetzte, statt Kritik, statt Verteidigung der Freiheit.

Diese Eulenspiegelei sollten wir nicht leicht abtun, weil sie gegen »alles Linke« gerichtet war. In der DDR verhalten sich die deutschen Bürger ähnlich obrigkeitsgetreu, hätten diesen Brief, hätte er der dortigen Ideologie entsprochen, genau so kritiklos hingenommen und gehorcht: basta, Befehl ist Befehl.

Der Scherz in Erlangen läßt uns im nachhinein lachen, doch wer sich ehrlich prüft, wird zugeben, daß er sich in einer vergleichbaren Lage ähnlich verhalten hätte, wenn nicht gar schon so verhält. Der Vorfall trifft ein Phänomen, das in vielen Ländern der Welt mehr oder weniger stark den Ablauf des öffentlichen Lebens regelt: der Obrigkeit gehorchen. Die Deutschen, weltweit bewundert für ihre Disziplin – heute besonders im Wirtschaftsbereich –, werden immer noch als die übertrieben devoten Befehlsempfänger, als Witzfiguren des Gehorsams dargestellt.

»Blinder Gehorsam« ist bezeichnenderweise ein deutscher Ausdruck, der kennzeichnet, daß auch Gehorsam – neben Angst – Denkhemmungen setzt. »Blindes Gehorchen« verhindert eigenes Denken, zumindest die Ausführung eigener Gedanken. Die Fähigkeit, die bestehende Gesellschaft weiterzuentwickeln, setzt jedoch sowohl eigenes Denken wie auch die Ausführung von Ideen voraus.

Obrigkeitsdenken spielt im politischen Geschehen auf zwei Ebenen eine Rolle. Einmal zeigt es sich im Gehorsam des einzelnen Bürgers im Alltag: er folgt den Befehlen und Anweisungen, die ihm auferlegt werden. Zum anderen läßt es den Staat als eine vom Volk losgelöste Machtinstanz erscheinen und nicht als Gemeinschaft der Bürger.

Gehorsam

In der Familie, der Urzelle des Staates, wird das Verhalten des späteren Staatsbürgers geprägt. Wenn dort Gehorsam und Unterordnung den Vorrang vor Selbständigkeit und Erziehung zu freiem Willen haben, dann lernt das Kind frühzeitig den Mund zu halten, und bleibt auch später als Erwachsener ein guter Untertan.

Im Verlauf unserer Geschichte haben wir immer wieder erfahren, daß die Auflehnung gegen die Herrschaft nicht erlaubt ist. Luther wetterte gegen die aufrührerischen Bauern – die Obrigkeit sei von Gott. In der lutherisch-protestantischen Lehre, jedem Kind während des Konfirmationsunterrichts eingebleut, wurde die Forderung nach Gehorsam gegenüber dem Staat über die Jahrhunderte tradiert – obwohl auch anderes Denken bekannt war, wie etwa bei Calvin, der ein ausdrückliches Widerstandsrecht anerkannte. Doch in Deutschland setzte sich Luther (im Gegensatz zu Thomas Münzer) so stark durch, daß noch Jahrhunderte nach seiner Reformation eines der wesentlichen intellektuellen Probleme der protestantischen Widerständler gegen Hitler in den vierziger Jahren die Frage war, ob man den Gehorsam, den auf den Führer geschworenen Eid, brechen dürfe, indem man den Tyrannen stürzt.

Es kostete den protestantischen Widerstand erheblichen geistigen Willen, sein Gehorsamsdenken zu überwinden. Aber er bewies damit, daß Ungehorsam als Akt der Befreiung immer noch der Beginn von Vernunft sein kann, wie damals schon, als Adam und Eva den Gehorsam brachen, um vom Baum des Wissens und der Erkenntnis zu essen, was vom Standpunkt der Autorität eine Todsünde war, vom Standpunkt des Menschen jedoch führte der erste Ungehorsam zu seiner Freiheit.

Wie stark die öffentliche Meinung den Widerständlern ihren Bruch des Gehorsams übelnahm – und zwar nicht nur die ewig Gestrigen, die übriggebliebenen oder die neuen Nazis –, erfuhren die Überlebenden am eigenen Leibe in den fünfziger Jahren, als die Bundeswehr aufgebaut wurde, Widerständler in der neuen Armee aber nicht gewünscht waren, wie der ehemalige Hauptmann Dr.

Hans Fritzsche, beteiligt am 20. Juli 1944 in der Bendlerstraße, schildert:

»Ich hatte eigentlich einen Wiedergutmachungsanspruch auf Wiedereinstellung in die Bundeswehr, man hat mir das auch schriftlich mitgeteilt. Aber als ich die ersten Fühler ausstreckte, merkte ich deutlich einige Aversion gegen die Überlebenden vom 20. Juli. Einige an der Spitze haben sich aus politischen Gründen dazu bekannt; denn etwas gegen den 20. Juli zu sagen, war einfach in den Nachkriegsjahren nicht opportun. Aber die Äußerung des Sicherheitsbeauftragten, des Vorgängers des Verteidigungsministers, Theo Blank, sprach doch Bände, als er sagte, wir hätten schon zu viele vom 20. Juli in der Bundeswehr.« Zu viele, das war kein einziger, obwohl doch große Teile des Widerstands eher im Sinn von Befehl und Gehorsam denn von Demokratie dachten.

Offiziell hieß die Formel für die Behandlung des 20. Juli bei der Bundeswehr, daß die Männer des Widerstands in einer einmaligen, nie wiederkehrenden Situation gehandelt hätten. Vorgetragen wurde sie von General Heusinger, der sich im Führerhauptquartier befand, als Stauffenbergs Bombe explodierte. Heusinger erhielt später das goldene Verwundetenabzeichen eigenhändig von Hitler – für die beim Attentat erlittenen Verletzungen.

Wer nur gehorchte und Befehle ausführte, der konnte sich nach dem verlorenen Krieg auf diesen Gehorsam berufen. KZ-Wächter plädierten so auf Freispruch, SS-Schergen forderten mildernde Umstände – und (soweit es ums Gehorchen ging) fanden sie auch Gehör. Gehorsam entschuldigte jeden, der aktiv am Unrechtsregime teilgenommen hatte. Wer in seiner Doktorarbeit rassistische Ideologie vertrat, aber nachweisen konnte, daß diese Gedanken nicht eigenen Überlegungen entsprungen waren, sondern damals eben »erwartet wurden«, der wurde moralisch freigesprochen. Andere wurden gar nicht – oder zu spät – verfolgt.

Kein Wunder also, daß bald nach dem Krieg die »Ehemaligen« wieder an wichtigen Posten in Regierung, Verwaltung, Wirtschaft und Wissenschaft auftauchten – sehr zum Entsetzen derjenigen, die aktiven Widerstand geleistet hatten oder in die Emigration geflüchtet waren.

Die jüngst heftig ausgefochtene Diskussion um die Vergangenheit des früheren Ministerpräsidenten von Baden-Württemberg, Hans Filbinger, ging ja auch nicht darum, in welcher Weise er mit dem nationalsozialistischen Reich verstrickt war, sondern ob man ihn wegen seines traditionell-obrigkeitlichen Gehorsams moralisch verurteilen oder freisprechen soll. Schließlich mußte Filbinger, der noch nach Kriegsende einen jungen Matrosen wegen Fahnenflucht zum Tode verurteilt hatte, sein Amt räumen, aber nicht wegen seiner damaligen Tat, sondern wegen seines Beharrens darauf, rechtmäßig gehandelt zu haben, ohne die leiseste Reue zu zeigen.

Auch ihm war eine Entwicklung entgangen, die das strenge Befehl-Gehorsam-Gefüge aufgelöst und verändert hat. In der Erziehung haben Gehorsam und Unterordnung der Forderung nach Selbständigkeit und freiem Willen Platz gemacht. Allerdings erfahren die so erzogenen Zwanzigjährigen herbe Enttäuschungen, wenn sie ihren Willen ausleben wollen. Wohlverhalten läßt sich auch noch heute durch gezielten Druck erzwingen.

Obwohl die Zwanzigjährigen ein weitaus freieres Selbstverständnis haben und direkten Befehlen eher mit Widerstand als Gehorsam begegnen, verhalten sie sich weitgehend so wie die Fünfzigjährigen, wenn sie Sanktionen zu befürchten haben. An den Universitäten werden heute Doktorarbeiten geschrieben, die nicht ausschließlich eigenständiges Denken wiedergeben, sondern mit Schutzfloskeln versehen sind. Manch ein Professor beklagt sogar, daß Studenten Themen, etwa über die spanischen Kommunisten während der Franco-Zeit, zurückgeben, um nicht in den Geruch zu kommen, Marxist zu sein. Denn aus ihrem Umfeld erfahren die jungen Menschen, daß Selbständigkeit und freier Wille nur in einem beschränkten Rahmen gelten: Der politische Bereich ist davon weitgehend ausgeschlossen. Geht das Verhältnis der Deutschen zum Staat doch immer noch davon aus, daß der Staat neben der Gesellschaft steht und damit unantastbar wird.

»General Dr. von Staat«

In seinen »Betrachtungen eines Unpolitischen« zeichnet Thomas Mann mit feiner Ironie das Bild einer Staatsauffassung, wie sie in den ersten Jahrzehnten dieses Saeculums geläufig war: »Als Knabe personifizierte ich mir den Staat gern in meiner Einbildung, stellte ihn mir als eine strenge hölzerne Frackfigur mit schwarzem Vollbart vor, einen Stern auf der Brust und ausgestattet mit einem militärisch-akademischen Titelgemisch, das seine Macht und Regelmäßigkeit auszudrücken geeignet war: als General Dr. von Staat.«[13]

Zwischen »General Dr. von Staat« und der Weimarer Demokratie konnte es bei diesen Staatsvorstellungen zu keiner Einheit kommen; General Dr. von Staat empfand sich als Widerspruch zur Demokratie – kein Wunder also, wenn selbst sozialdemokratische Minister auf streikende Arbeiter schießen ließen, galt es doch in erster Linie den Staat zu schützen. Der Reichspräsident wurde innerhalb weniger Jahre zu der Figur »General Dr. von Staat« verkleidet, und – da mit dem Allmacht verleihenden Artikel

48 ausgestattet – der Weg war frei für einen »Präsidialdiktatur«. Staatsrechtslehrer wie Carl Schmitt schufen dazu das ideologische Rüstzeug, um aus der Diktaturgewalt des Reichspräsidenten verfassungspolitisch die Beschränkung der Demokratie durch den Staat herzuleiten, schließlich ihre Zerstörung zu rechtfertigen. Bürokratie, Reichswehr, Wirtschaft, Professoren, je von ihren Interessen her Träger der vor- oder antidemokratischen Staatsideologie, haben dabei mitgeholfen.

Selbst nach dem unrühmlich verlaufenen Dritten Reich änderte sich wenig an diesem Staatsverständnis. Im Brockhaus heißt es immer noch, »daß der Staat kein bloßes Werkzeug, auch kein ›Apparat‹ für die Verfolgung von Einzel- oder Gruppeninteressen sei, sondern eine eigengeartete Erscheinung, deren Würde und Wert in der Verkörperung einer überindividuellen Staatsidee begründet« sei. Statt den Staat als eine Organisation selbstbestimmender Bürger zu erklären, fürchtet der Brockhaus offensichtlich diese demokratische Aufweichung des General Dr. von Staat und meint, es bedürfe »der Weisheit der Führenden und der Einsicht der Geführten, um das Bewußtsein für Wert und Würde des Staates wiederherzustellen.«

Nun wäre es falsch, diese Trennung von Staat und Gesellschaft nur den Konservativen anzulasten, auch Fortschrittliche sind diesem Denkfehler häufig genug verfallen. Die einen wollten dem Staat eine starke, autoritäre Macht verleihen, die anderen – wie Karl Marx – philosophierten vom Absterben des Staates, nach dessen Hinscheiden die Gesellschaft frei sei. General Dr. von Staat wird gestürzt, und die Menschen sind erlöst. So einfach schien der Gedanke, so einleuchtend, daß noch die Terroristen der siebziger Jahre ihm folgten. Sie gingen davon aus, den Staat durch ihre Attentate zu so heftigen Unterdrückungsmaßnahmen reizen zu können, daß die Bürger ihn in einem kollektiven Aufstand beseitigen würden. Daß Staat und Gesellschaft jedoch eine Einheit bilden, der Staat Ausdruck einer Gesellschaft ist, mußten sie erfahren, als der größte Teil der deutschen Bevölkerung jede Einschränkung individueller Freiheiten hinnahm in der Annahme, damit einen notwendigen Beitrag zur Bekämpfung des Terrors leisten zu können.

Wie diese allzu einfache Gleichung – hier Staat dort Gesellschaft – den einzelnen zu extremem Handeln verleiten kann, um den Staat zu stürzen und die Gesellschaft zu »befreien«, beschrieb Horst Mahler, der hochintelligente Rechtsanwalt und ehemaliges Mitglied der Gruppe um Baader-Meinhof, nachdem er sich vom Terrorismus abgewendet hatte: »Der Angelpunkt meiner Orientierung und meines Handelns war und ist die Staatsfrage – was der Staat ist, sein kann und sein wird. Wer darauf sieht, wie ich über den Staat denke, weiß, wie ich im Politischen handeln werde. Heute, nach einer langen Strecke des Lernens und der Erfahrungen, ist der Staat für mich nicht mehr, was er früher für mich war – nur etwas Äußerliches, verwirklicht in Polizei und Armee, Verwaltungsgebäuden und Beamten. Der Staat ist auch das; aber er ist mehr als das ... Über den Staat denken wir immer noch abstrakt, das heißt falsch.

Das moderne Gemeinwesen existiert nur als Staat, durch die Menschen, die in diesem Staate leben, die sich mit ihm identifizieren. Der Staat ist so präsent in jedem einzelnen. Wir sind der Staat – und zugleich Individuen.«[14]

Wie Mahler selbst betont, hat er erst »nach einer langen Strecke des Lernens und der Erfahrungen«, geprägt von Terrorismus und Einzelhaft, gelernt, daß der Staat aus seinen Bürgern besteht – und nicht neben oder gar über ihnen. Die meisten West-Deutschen sehen das noch anders: Wenn vom Staat die Rede ist, fällt 44 Prozent Regierung ein, 19 Prozent denken an Staatsgebiet, 12 Prozent an Gesetze. Nur 7 Prozent verbinden mit »Staat« den Staatsbürger.

Anders denken die Franzosen: an erster Stelle denken sie bei Staat an die Gemeinschaft der Bürger (24 Prozent), dann folgen Regierung (23 Prozent) und Gesetze (14 Prozent).[15]

So zeigen sich die Franzosen, die unter einem von der Struktur her sehr viel autoritäreren politischen System leben (das Parlament hat keine wesentlichen Kontrollmöglichkeiten, der Zentralismus erlaubt kaum Mitwirkung der Bürger), bewußt demokratischer. Sie gehen von der Volkssouveränität aus, während die Deutschen, die zunächst an ausführende Organe denken, ein eher autoritäres Politikverständnis offenbaren.

Die Theorie von der Trennung zwischen Staat und Gesellschaft geht von einer Aufteilung der gesellschaftlichen Aufgaben aus. Der Staat bestimmt die Politik, die Gesellschaft kümmert sich um Wirtschaft, Wissenschaft, Kultur und das allgemeine Leben, solange es nicht vom Staat in Beschlag genommen wird. Weil der Staat als neutral gilt und vorgibt, nur dem Gemeinwohl verpflichtet zu sein, umgibt er sich mit einer Aura der Unantastbarkeit. So begründete schon der alte Obrigkeitsstaat seine Autorität. Und das deutsche Bürgertum, von der politischen Betätigung ausgeschlossen, entschuldigte diesen Zustand damit, daß der Staat »an der höheren Natur des Menschen keinen Anteil« habe (Wilhelm von Humboldt), er sei »die Mauer um den Garten menschlicher Früchte und Blumen« (Hölderlin), »die rauhe Hülse um den Kern des Lebens« (Kant).

So entwickelte das deutsche Bürgertum zwar gewaltige wirtschaftliche Imperien, brachte Dichter und Denker von

Weltruhm hervor, doch politisch blieb es ein Zwerg. Dem Nationalsozialismus erleichterte diese Staatstheorie die Machtergreifung, dem Bürger erlaubte sie nach der Niederlage des Dritten Reichs und nach Veröffentlichung der deutschen Greuel die Flucht aus dem Schuldgefühl: der Staat war schuld – nicht der Bürger. Deshalb zog man sich nach 1945 trotz allen Geredes demokratischer Teilhabe am Staat von der Partizipation am politischen Geschehen zurück. So konnte der Staat mit seinen angeblich über Parteistreitigkeiten schwebenden Beamten in den letzten dreißig Jahren sogar einen eigenen Berufsstand entwickeln: den des pensionsberechtigten Politikers. Damit wird ein nicht wünschenswertes Überbleibsel aus der Zeit des Obrigkeitsstaates zementiert: Politik machen die einen, die anderen Musik, und keiner redet dem andern rein. Nach den Prinzipien der Arbeitsteilung klingt diese Trennung einleuchtend, nur: Arbeitsteilung ist hier im Grunde nicht möglich, da jede Handlung des Staates den Bürger trifft.

Wie stellt sich nun die Lage den Zwanzigjährigen dar, denen der Sinn nach Wandel steht? Sie treffen auf eine Bevölkerung, die zwar politisch bestens informiert ist, stets brav zu den Wahlen geht, Politik aber als eine Pflicht empfindet, der man sich – am Wahltag nachgekommen – baldmöglichst wieder entzieht.

Ein guter Staatsbürger, so zeigen Umfrageergebnisse, beachtet die Gesetze und geht regelmäßig an die Urne, aber betätigt sich nicht politisch. Man wirkt also nicht mit, sondern gehorcht. Man verhält sich so, als stünde der Staat außerhalb der Gesellschaft. Auf der anderen Seite entfernt sich der Staat von den Bedürfnissen des Volkes. Die Politik sei sprachlos geworden, beklagt der vierzigjährige Bundesminister Volker Hauff, weil Bürger und Regierende sich nicht mehr verständigen könnten. Eine Kluft hat sich zwischen den Verwaltern des Staatsapparates und der Verwalteten aufgetan. Solange sie zu den Fünfzigjährigen gehören, geben die Bürger sich mit einer möglichst reibungslosen Verwaltung zufrieden, reicht es ihnen doch, wenn politische Ruhe herrscht, wenn wirtschaftlich keine Schwierigkeiten auftreten. Als Politiker wünschen sie sich Technologen, die ihre Fachgebiete in Ordnung halten.

Diese Technologen aber, mit allen Vollmachten ausgestattet, halten sich für eine Elite, die am besten weiß, wie politische Fragen zu lösen sind, und die sich deshalb ungern vom Volk sagen läßt, wie sie zu handeln hat. Selbst das Parteivolk verliert zunehmend an Bedeutung; Parteiprogramme, mit großem Aufwand erarbeitet – wie etwa der Orientierungsrahmen '85 der SPD –, haben letztendlich keinen Einfluß auf die praktizierte Politik.

Volker Hauff, der vor zehn Jahren als einer der nachdenklichen jungen Männer in den Bundestag einzog, bald als Parlamentarischer Staatssekretär diente, schließlich als »jüngstes Kabinettsmitglied« in die Ministerriege Helmut Schmidts aufrückte, zeigt sich sensibel und fragt: »Bin ich als Politiker inzwischen nicht nur noch ein Schmiermittel für ein Getriebe, das läuft?« Zwar bedauert Hauff, daß die Zwanzigjährigen den »zornigen alten Männern« näher stehen als ihm, dem jungen Politiker, doch dieser Zustand entspricht der Entwicklung der Bundesrepublik zur »hygienischen Gesellschaft«. Jedes Individuum wird auf seine Funktion »im Räderwerk« reduziert. Individualität, originäres Handeln und Denken gefährden den perfekten Ablauf.

Unter dem Widerspruch, den Volker Hauff in seinem Ministeramt empfindet, haben auch andere Politiker schon gelitten. Weil sie erkannten, daß die Bundesrepublik sich in eine reibungslose Republik entwickelt, daß West-Deutschland nach dem Wirtschaftswunder bereit war, viele geistige Keime zu ersticken, nur um die materielle Stabilität zu sichern, waren sie ursprünglich in die Politik gegangen – obwohl sie zum Teil aus sehr politikfernen Bereichen kamen, wie etwa der Schriftsteller Dieter Lattmann. Er ließ sich in den Bundestag wählen, um dort der Kultur seine Stimme zu leihen. Acht Jahre später – 1980 – scheidet er wieder aus, freiwillig, und nicht nur weil er erlebte, daß ein eigener politischer Beitrag nicht mehr zu leisten war, sondern weil er zudem befürchtete, daß ein weiteres Verbleiben im politischen Geschäft seine Persönlichkeit zerstören könnte. Der Widerspruch, der den jüngeren Hauff quält, hätte ihn entweder zum technokratischen Zu- und Abstimmungsabgeordneten oder zum verzweifelten Außenseiter gemacht. In beidem sah er keinen Sinn. Von Volker Hauff, Mitglied des SPD-Bundesvorstands, wird man nicht erwarten, daß er denselben Weg geht. Er besetzt in jungen Jahren schon entscheidende politische Posten, die ein Außenseiterdasein verbieten: von ihm und gleichgesinnten Politikern können wir nur hoffen, daß sie sich ihre Nachdenklichkeit bewahren und sie in die Politik einbringen.

Denn Außenseiter können politisch nur begrenzt wirken: die fünf SPD-Bundestagsabgeordneten um Karl-Heinz Hansen und Manfred Coppick haben die Regierung zwar das eine oder andere Mal in parlamentarische Nöte gebracht, verhindern oder gar durchsetzen konnten sie jedoch nichts. Meistens überleben Außenseiter nicht lange; der über Jahre hinweg unbekannte CDU-Bundestagsabgeordnete Herbert Gruhl scheiterte an dem Widerspruch zwischen dem, was er als zu verwirklichende Ideale ansah, und dem, was er als »Schmiermittel für ein Getriebe« politisch vertreten mußte. Während der Schriftsteller Lattmann sich ins Privatleben zurückzog, trat Herbert Gruhl aus der parlamentarischen Opposition aus. Er hatte erfahren, daß Regierung und Opposition, Schmidt und Strauß, sich am Ende nicht unterscheiden. Gruhl erklärte sich zur grundsätzlichen Opposition gegen die »hygienische Gesellschaft«; in seinen Veröffentlichungen und Auftritten fordert er wie die Zwanzigjährigen das Streben nach immateriellen Werten.

Für seine Auseinandersetzung mit der politischen Wirklichkeit, stellvertretend für viele andere geführt, bedürfte Gruhl wesentlich größerer Unterstützung als bisher, denn die »hygienische Gesellschaft« zeigt sich äußerst effizient im Kaltstellen unliebsamer Kritiker und Denker.

Staat und Gesellschaft kennen in einer Demokratie zwar keine getrennten Aufgaben und Verantwortungen, da der Staat nichts anderes ist als die Organisationsstruktur einer Gesellschaft, um deren Geschäfte zu verwalten, doch in der Bundesrepublik wirkt der althergebrachte Unterschied zwischen (Obrigkeits-)Staat und Gesellschaft noch nach.

Politiker und Bürger verhalten sich so, als handle es sich bei ihnen um verschiedene Klassen, als setzte sich in ihnen der falsche Widerspruch zwischen Staat und Gesellschaft fort. Zwar hat sich das gegenseitige Verhalten so verändert, daß man beim ersten Hinsehen nicht mehr von dem Gegensatz Befehl und Gehorsam sprechen kann. Doch die Mechanismen haben sich nur verfeinert. Die Bürger gehorchen auch heute noch, wenn auch unauffälliger als zur Kaiserzeit. Und wenn der Staat auch auf eine andere Art als General Dr. von Staat befiehlt – unser bundesrepublikanischer Literaturnobelpreisträger würde ihn vielleicht den »Amtmann Staat« nennen: im Ergebnis bleibt sich's gleich.

Politische Wirklichkeit

Der Vergleich »General Dr. von Staat« mit »Amtmann Staat« trägt nicht nur satirische Züge, er ist durchaus ernst gemeint. Vertritt der General den Obrigkeitsstaat, in dem sich Befehl und individuelle Freiheitsrechte streiten, so bezeichnet der Amtmann die – mit individuellen Freiheitsrechten ausgestattete – Republik, in der ein scheinbar harmloser Beamter mit Schildmütze Anträge abstempelt.

Wir empfinden es als Wohltat, daß die offene, unterdrückende Gewalt des Generals der Selbstverwaltung des Bürgers gewichen ist, ohne zu bemerken, daß die Ausdrucksweise der Obrigkeit sich nur gewandelt und verfeinert hat. Jawohl, wir besitzen das Recht auf Meinungsfreiheit, nur manchmal scheint es uns besser, auf Kritik zu verzichten, der Amtmann könnte es uns übelnehmen. Jawohl, wir haben das Recht auf Selbstbestimmung, nur verstehen wir das Argument des Amtmanns, daß in der hochtechnisierten Welt soviel wie möglich arbeitsteilig durchgeführt werden muß, der einzelne die Selbstbestimmung entsprechend weit nach oben delegieren muß. Bald wird so entfernt von uns regiert, daß wir die Entscheidungen des Amtmanns nicht mehr verstehen und seine in eine eigene Amtmannssprache gekleideten Erklärungen zwar obrigkeitlich klingen, uns aber nichts mehr sagen. Weil wir ihm glauben, merken wir nicht, daß er uns befiehlt und wir ihm gehorchen.

Sein Hauptargument lautet immer wieder: Das muß so gemacht werden, sonst folgt das Chaos.

Was der General verbot, spürte der einzelne Bürger am eigenen Leibe: Wenn ein Rede- oder Versammlungsverbot verfügt wurde, das Wahlrecht weder geheim noch allgemein war, die Löhne nicht von den Tarifparteien ausgehandelt werden durften etc... Manch einer muckte auf, doch dem Widerwilligen drohte der General mit der Polizei. Dem Amtmann fällt es leichter, seine Befehle durchzusetzen.

Die Freiheit, auf Inhalt und Ablauf des alltäglichen Lebens einzuwirken, hat ständig zugenommen: durch die garantierten Grundgesetze, durch das erheblich gewachsene Einkommen wie auch durch die verhältnismäßig weitgehende Abnahme sozialer Klassengegensätze. Zugenommen haben diese Freiheiten jedoch nur im Bereich unseres Mikrokosmos, des Haushalts, der Kleinfamilie, dem engsten Bereich des Arbeitsplatzes. So können wir in unserem kleinen Bereich der Familie die Freiheit der Meinungsäußerung auskosten. Zu Hause läßt sich leicht über Politik, Arbeitgeber, Bürgermeister schimpfen. Am Arbeitsplatz läßt sich schon nicht mehr jedes Wort sagen, jedes Bekenntnis äußern. Genügend Fälle kennen wir von Entlassenen, die im Wahlkampf Plaketten gegen Strauß oder für die DKP trugen. Meinungsfreiheit gar in den öffentlichen Medien schwand in den letzten Jahren immer mehr unter dem Einfluß der Selbstzensur.

Übte im Kaiserreich »General Dr. von Staat« Zensur aus, hagelte es Proteste des liberalen Bürgertums, der Intellektuellen, der Klassenkämpfer. Laut Grundgesetz darf »Amtmann Staat« nicht zensieren, er braucht es auch gar nicht: das erledigen die Journalisten selbst. Selbst-Zensur! Und so verhalten wir uns in den meisten Fällen: der Amtmann Staat braucht nicht zu befehlen, denn ohne es zu bemerken, hat jeder Bürger in seinem Hirn eine eigene Polizei eingepflanzt, die das Verhalten auf dem Amtmann genehme Weise steuert; wir unterliegen nicht mehr dem Zwang des Generals, sondern dem *Selbstzwang*. Weil es schöner klingt, nennen wir unser Verhalten »staatsbürgerliches Pflichtbewußtsein«.

Die Form der Unterdrückung durch den General war offensichtlich, spürbar, und der Bürger konnte ihr seine Forderung nach Freiheit entgegensetzen. Die Unterdrückung durch den Amtmann fällt uns nicht auf, wir bemerken sie nicht als einen offensichtlichen, unangenehmen, abzuschaffenden Zwang, weil wir sie selbst als zwingend für die Aufrechterhaltung der Ordnung verinnerlicht haben.

Einem General Dr. von Staat konnte man die Revolution erklären, gegenüber einem Amtmann Staat steht der Bürger hilflos da.

Doch trennen wir uns von dem Begriff des biederen Amtmanns, er verschleiert den tatsächlichen, gar nicht so einfältigen Machtapparat unseres demokratischen Staates. Machen wir uns frei von der immer wiederkehrenden Kritik der SPD an der CDU, sie ließe den Bürger nicht mitentscheiden, und vergessen wir die Angriffe der CDU gegen die SPD, sie verbürokratisiere den Staat. Beide Vorwürfe stimmen und führen auf das gleiche Ziel hinaus: denn beide Parteien streben nach dem gleichen – wie wir sehen werden: das Machtmonopol des Staates zu vergrößern.

Was heißt: Machtmonopol des Staates? Dem modernen Staat gelang es nach langwährenden Auseinandersetzungen mit herkömmlichen Gewaltträgern – etwa der Kirche, ständischen Organisationen, aber auch privaten Eisenbahnen, privater Post –, das Monopol, also die alleinige Verfügung, über die physische Gewaltsamkeit, über die Steuererhebung (der Staat zieht selbst die Kirchensteuer ein) und besonders das Monopol der Normsetzung und Normdurchsetzung zu gewinnen. Praktisch äußert sich die alleinige Verfügung des Staates etwa über die Normgesetzgebung darin, daß die Bürger jede Möglichkeit verloren haben, auch nur im kleinsten Bereich ihr Verhalten selbst zu regeln. Der Gemüsehändler kann zum Beispiel nicht selbst entscheiden, wann er seinen Laden schließt. Hier können sich nicht Händler eines Ortes untereinander absprechen, der eine den Freitagabend, der andere den Samstag zu öffnen, hier fragt erst recht keiner den Verbraucher, obwohl Händler und Käufer als erste betroffen sind. – Selbst in die Familie greift die Normsetzung des Staates ein: ein fünfundzwanzigjähriger Student kann seine Eltern nach abgeschlossener Ausbildung zu weiterer Unterhaltszahlung für ein Zweitstudium mit Erfolg verklagen! So geschehen in der Bundesrepublik. Der Staat (der nicht nur aus Regierung und Verwaltung, sondern auch aus Justiz, Parteien, Gewerkschaften etc. besteht) bestimmt. Und wir gehorchen, weil wir über keine Möglichkeit verfügen, den jeweiligen uns auferlegten Beschluß anzufechten.

Der Staat verhält sich so, wie es der Vorstellung der Fünfzigjährigen entspricht: je besser das Gemeinwesen funktioniert, desto stabiler kann man es halten. Die (autoritäre) Staatsmaschine beansprucht soviel Macht wie möglich, um jeder Bedrohung begegnen zu können. Bedrohungen stellen alle nicht erwarteten Ereignisse dar, die einen Wandel des bestehenden Zustands erzwingen können oder wollen. Insofern bedrohen Ölländer und Terroristen gleichermaßen den Staat. Denn die unerwartete Erhöhung der Ölpreise, die mögliche Verknappung auf dem Markt entstabilisiert nun schon seit Jahren unsere Wirtschaftsentwicklung. Gleichermaßen wie auf Terroristen kann der Staat jedoch nicht reagieren, besteht doch zu den Ölländern kein Befehls- und Gehorsamsverhältnis. Mit einfachen Gesetzen oder Verordnungen läßt sich diese Bedrohung nicht abwenden, erst recht nicht durch kriegerische Handlungen. Aber es verwundert nicht, daß militante deutsche Journalisten fordern, mit einem militärischen Handstreich die Wüstenscheichs Mores zu lehren. Doch Öllieferanten und Revolutionäre zählen zu den Ausnahmen.

Besser funktionieren heißt auch besser planen und verteilen. Besser das Leben der Massen ordnen, besser Autobahnen bauen, die Landwirtschaft strukturieren, planen und subventionieren, besser Handel und Wirtschaft lenken, besser Bildung, Forschung, Energieverbrauch regieren.

Weil sich leichter regieren läßt, je weniger unterschiedliche Interessen zu berücksichtigen sind, hat der Staat seine Verwaltung zentralisiert, in einzelne Arbeitsbereiche zusammengefaßt und diese Arbeitsbereiche dem unmittelbaren Einfluß des Bürgers entzogen. Am drastischsten erfährt diese Entwicklung jeder Bürger in seiner Gemeinde, dort, wo heute Bürgerinitiativen gebildet werden, um dem Machtmonopol Entscheidungen abzuringen, die auf normalem Wege nicht mehr durchzusetzen sind.

In den Städten spürt man diese Entwicklung weniger als auf dem Lande, doch auch in den Betonwüsten breiten sich Bürgerinitiativen, Grüne und Alternative aus. Daß Bürger und Gemeindeverwaltung auseinanderrücken, ist nicht neu. »Der besonders in neueren Zeiten sichtbar gewordene Mangel an angemessenen Bestimmungen in Absicht des städtischen Gemeinwesens und der Vertretung der Stadt-Gemeinde, das jetzt nach Klassen und Zünften sich teilende Interesse der Bürger und das dringend sich äußernde Bedürfnis einer wirksameren Teilnahme der Bürgerschaft an der Verwaltung des Gemeinwesens, überzeugen uns von der Notwendigkeit, den Städten eine selbständigere und bessere Verfassung zu geben ... und durch diese Teilnahme Gemeinsinn zu erregen und zu erhalten.« Man glaubt die Grünen zu hören, doch stammt das Zitat aus der Präambel zur preußischen Städteordnung von 1808.

Sinn der preußischen Gemeindereform des Freiherrn von Stein und des Grafen Hardenberg war damals, den Bürger politisch zu aktivieren und ihm dadurch die Möglichkeit zu geben, sich mit dem Gemeinwesen eins zu fühlen, sich dafür einzusetzen, sich zu identifizieren.

Aus ähnlichen Gründen behielt nach der Schaffung des Grundgesetzes die kommunale Selbstverwaltung in der Bundesrepublik eine starke Position: um nach der nationalen und militärischen Niederlage dem Volk die Möglichkeit zu geben, am Neuanfang mitzuwirken. Ende der sechziger, Anfang der siebziger Jahre wurden jedoch zahlreiche Gesetze, Stabilitätsgesetz, Gemeindefinanzreform und -neuordnungen durchgeführt, die dem Bürger fast alle Mitwirkungsrechte nahmen und die zentralisierten Bürokratien verstärkten. Wie sich die Entmachtung des Bürgers und die Monopolisierung der Ordnungsgewalt auf das Leben des einzelnen auswirken, können wir an einem kleinen sauerländischen Ort verfolgen, ein allgemeingültiges Beispiel. Das etwa fünfhundert Einwohner, hauptsächlich Bauern, zählende Dorf Birkelbach, umgeben von tiefen, ruhigen Wäldern, liegt im Edertal nur vier Kilometer entfernt vom Zweitausendmann-Städtchen Erndtebrück. Birkelbach besaß einen Bürgermeister, der alle Einwohner kannte, der wußte, wann gebaut, geheiratet, eine Straße benannt werden sollte, kurz, der Gemeindevorsteher kannte die Leute, die Umstände, das Gemeindeparlament konnte so entscheiden, daß sich jeder mit dem Beschluß identifizierte. Und wer nicht zufrieden war, der konnte abends in der Kneipe dem Bürgermeister den Marsch blasen.

Dann wurde Birkelbach »eingemeindet«. Es verlor seinen Bürgermeister, sein Rathaus, seine Gemeindevertreter.

Damit schwanden nicht nur Funktionen, sondern gesellschaftliche Positionen. Ein Dorf ohne Bürgermeister gleicht einer Fahnenstange ohne Fahne. Die Begründung für die Eingemeindung können wir uns denken: zentralisiert läßt sich besser verwalten. Jetzt hieß Birkelbach: Erndtebrück-Birkelbach. Aber nicht lange. Dann hieß es nämlich Erndtebrück-2. Der Bauer aus Birkelbach mußte jetzt zur Amtsstelle fahren, anstehen, fand einen Beamten, der ihn und sein Problem nicht kannte. Doch es kam noch schlimmer.

Weil Erndtebrück auch nur ein kleiner Ort war, wurden wesentliche Verwaltungsbereiche nach Siegen verlegt, jetzt schon eine halbe Stunde Fahrt. Auf dem Land bedeutet das: mindestens ein halber Tag für einen Behördengang. Wer aber weiß in Siegen, welche Entscheidung in Birkelbach notwendig ist? Die Frage scheint dem Staat nicht wichtig. Hier geht es doch um Effizienz, in Siegen hat man Computer, Sachbereiche etc., was in Erndtebrück oder gar Birkelbach einzurichten über die Möglichkeiten ginge. Wir staunen, nicken und fügen uns. Es soll ja alles besser funktionieren.

Wahrscheinlich funktioniert auch manches »besser«, das heißt reibungsloser, aber es funktioniert »abstrakt«. Der Bauer in Birkelbach wird nicht mehr als Mensch behandelt, sondern als Nummer. Es entsteht keine Beziehung zwischen dem Bürger (aus Birkelbach) und dem Amtmann (in Siegen). Die Zentralisierung der Macht führt zum einen dazu, daß die gesellschaftlichen Verhältnisse nach papiernen Regeln verwaltet werden, zum andern kann die Zentrale die Lebensverhältnisse des einzelnen global bis ins Detail nach einem allgemein anwendbaren Muster steuern, da sie ja individuelle Bedürfnisse nicht mehr berücksichtigt. Das gehört zum Operationssaaldenken der hygienischen Gesellschaft.

Denn hygienisch gesäubert wurden ganze Gebiete von

ihrer alten gewachsenen Kultur, die einer Neuordnung entgegenstand. Zahlreiche, oft jahrhundertealte Dorfnamen gingen verloren und mit ihnen die Geschichte dieser kleinen Einheiten menschlichen Zusammenlebens. Straßen mußten umbenannt werden, und die alteingesessene Bevölkerung, die mit der Überlieferung aufgewachsen war, weshalb die Hintere Fährgasse diesen Namen trug, verlor ihre Bindung an die Heimat, ging eines Teils ihrer Identität verlustig. Die Bosse der neuen Großkommunen dachten statt dessen an ihr Prestige: Sie ließen Verwaltungspaläste errichten, deren Scheußlichkeit nicht zu übertreffen ist, die den Bürger einschüchtern, wenn er von Amtszimmer zu Amtszimmer irrt.

Je abstrakter die Beziehung Bürger–Staat wird, je größer das Machtmonopol anwächst, desto stärker verändert sich der Freiraum des einzelnen. Nicht etwa nur neue Gesetze schränken ihn ein, sondern auch die Selbstzwänge nehmen zu. Diese Selbstzwänge spürt die heranwachsende Jugend und spricht deshalb von »Zwangsstaat«.

Und diese Selbstzwänge äußern sich hauptsächlich im Dulden. Der Bürger duldet staatliche Verwaltungseingriffe immer häufiger. Er verzichtet auf eigenes Tun und Fordern. Denn er sieht keine Möglichkeiten, sich zu wehren. Eigentlich sind wir mit der Republik, dem Grundgesetz zufrieden, genießen den wirtschaftlichen Wohlstand. Den immer beengenderen Einwirkungen des Staatsmonopols können wir jedoch kaum begegnen: einer anderen Partei bei den nächsten Wahlen die Mehrheit zu geben, ändert nichts. Denn die Parteien, seien es CDU, CSU, FDP oder SPD, sie alle haben ihr Bündnis mit der Bürokratie geschlossen. Im Scherz heißt Helmut Schmidt bester Kanzler der CDU, und ernsthaft sagt man, die CDU sei längst eine sozialdemokratische Partei, sie wisse es nur noch nicht (Sebastian Haffner).

Die Parteien kämpfen weitgehend nur noch um die Verfügungsgewalt über das Machtmonopol und um die Erträge aus der Führung der Bürokratie. Parteien und Bürokratie ergänzen sich vorzüglich. Sie bilden zwei parallel laufende Machtfaktoren im Staat. Wie es der Arbeitsteilung der modernen Zeit entspricht, übernimmt jeder eine spezielle Aufgabe. Die Partei sorgt für die Legitimierung der Macht, die Bürokratie führt die Verwaltung möglichst reibungslos durch.

Die Entwicklung der Parteien

Die Entwicklung der politischen Parteien zu »Machtverwaltungsinstitutionen« hat sich zwar schon seit über zwanzig Jahren angedeutet, doch erst seit Mitte der siebziger Jahre wird sie offenbar. Hatten die Gruppierungen, aus denen die heutigen Parteien hervorgegangen sind, in den letzten hundert, hundertfünfzig Jahren einen wesentlichen Anteil an der Befreiung und sozial gerechteren Behandlung des Volkes, so lag dies daran, daß die politischen Auseinandersetzungen noch um konkrete Inhalte geführt wurden. Die Liberalen entwarfen und erkämpften die Freiheiten, die heute als Grundwerte unsere Verfassung anführen und als unantastbar gelten. Die Erfolge der für soziale Gerechtigkeit kämpfenden Parteien – wie die über hundert Jahre alte Sozialdemokratie – fällt jedem ins Auge, der die Lebens- und Arbeitsbedingungen der Jahrhundertwende mit den heutigen vergleicht.

Die Parteien begannen sich erst Ende der fünfziger Jahre von Inhalten zu entfernen, als die gröbsten Bedürfnisse des Volkes befriedigt werden konnten: Nahrung, Wohnung, ein wenig Konsum – und Aussicht auf eine goldene Zukunft bestand. Während die CDU von der

Popularität ihres Kanzlers Konrad Adenauer lebte, ohne wirklich langfristige Ziele zu vertreten, also eine Kanzlerpartei war, die ihre eigentliche Aufgabe darin fand, den Kanzler und damit sich selbst an der Macht zu halten, ging in der SPD ein entscheidender Wandel vor.

Weil Herbert Wehner und Fritz Erler erkannten, daß inhaltliche Forderungen, wie sie das immer noch marxistisch geprägte Programm der SPD enthielt, einem entscheidenden Wahlerfolg im Wege standen, drängten sie die Partei zum Kurswechsel, der dann auch im Godesberger Programm festgeschrieben wurde. Weitergehende sozialistische Forderungen, inhaltliche Zielsetzungen für die Zukunft, wurden abgeschafft. Die SPD machte den Schritt zur Volkspartei.

Nachdem sie durch die große Koalition »regierungsfähig« geworden war, nachdem Willy Brandt noch einmal mit einer großen politischen Kontroverse, der Ostpolitik, das ganze Volk in Für und Wider teilte und 1972 die vorerst letzte über einen Inhalt entscheidende Wahl stattfand, verlor auch die SPD immer mehr an konkreter Aussage, bis sie in den Wahlen 1976 und 1980 selbst zum Kanzlerwahlverein abflachte. Die CDU aber, die seit über einem Jahrzehnt keinen Kanzler mehr gestellt hat, verhält sich immer noch, als sei sie die Kanzlerpartei. Ohne der SPD-Regierung inhaltliche Alternativen entgegenzusetzen, besteht ihr Machtanspruch einzig auf der Behauptung, die Geschicke des Volkes »besser« verwalten zu können. So scheint es, daß die Wahlen künftig nicht mehr um die Verwirklichung einer anderen Politik ausgetragen werden, sondern nur noch entscheiden, welche Persönlichkeit als Kanzler vereidigt wird.

Eines unserer Argumente gegen den sogenannten Unrechtsstaat DDR lautet, bei ihm handle es sich um ein unfreies System, denn bei Wahlen könne man ja nur eine Partei, die Staatspartei, die SED (Sozialistische Einheitspartei Deutschlands) wählen. Zwar besteht die sogenannte Nationale Front aus verschiedenen Flügeln, in ihr existiert auch eine CDU, doch am Ende gleichen sich alle Parteien bis auf Nuancen, lediglich das politische Personal auf der einen Seite zeigt sich konservativer als das eines anderen Flügels.

Ohne sehr polemisch zu sein, kann man behaupten: auch in der BRD kann man nur eine Partei, die SED (Staatliche Einheitspartei Deutschlands) wählen: die Wahl besteht ausschließlich zwischen verschiedenen Flügeln. Nur findet die Auseinandersetzung zwischen den Flügeln in der BRD offen – und auch heftig – statt, während in der DDR Flügelkämpfe hinter verschlossener Tür ausgetragen werden.

Zur Staatlichen Einheitspartei verschmolzen CSU, CDU, FDP, SPD, nachdem in der Bundesrepublik Wahlen nur noch von dem gewonnen werden konnten, der die Stimmen der politischen Mitte auf sich vereinen kann. Für die SPD bedeutete dies die Entwicklung zu einer konservativen Partei (mit einem progressiven Flügel).

Die Auseinandersetzung zwischen CDU und SPD, welches Demokratiemodell man verwirklichen solle, bestand noch in der ersten Hälfte der siebziger Jahre, denken wir nur an den Schulstreit in Hessen. Während die CDU ein statisches Demokratiebild förderte, den bestehenden Zustand für zufriedenstellend erklärte, wollte die SPD in den von ihr regierten Ländern demokratische Reformen in neue Bereiche tragen. Die Folgen der Wirtschaftskrise

1973/74 schränkten jedoch dieses Streben nach neuen Horizonten ein. Nicht mehr Zukunftsideen, sondern eine gesicherte Gegenwart waren gefragt. Man brauchte Männer wie Schmidt, die eine Krise bestens managen können, nicht Vaterfiguren wie Brandt, die Utopien verwirklichen wollen.

Seither sind die großen Konflikte ad acta gelegt. Die Zeit der inhaltsbezogenen Parteiprogramme gehört der Geschichte an. Fast bei jedem Parteitag verabschiedet die CDU ein neues Programm, an dessen Spitze »Freiheit«, »Glück« und ähnliche Leerformeln stehen. Die SPD hat den mit großem Aufwand von der ganzen Partei erarbeiteten Orientierungsrahmen 1985 dem geistigen Reißwolf überantwortet. Selbst Reformen, die kein Geld kosten, wurden nicht in Angriff genommen. Ein Beispiel: die Rundfunkgesetzgebung. Nur in Bremen, dem unwichtigsten der Rundfunkländer, trat ein neues Gesetz in Kraft. In Nordrhein-Westfalen, in Hessen dachte man nicht daran, das Bestehende zu verändern.

Auf Parteitagen werden Beschlüsse gefaßt, die nicht mehr dazu dienen, eine künftige Regierungspolitik festzulegen, sondern nur noch den Zweck haben, die Delegierten und eventuell das Wählervolk zu befrieden. Aus Angst vor den »Grünen« gingen alle drei Parteien 1979/80 auf Fragen des Umweltschutzes besonders intensiv ein. Doch von Kanzlern und Ministerpräsidenten wissen wir, daß ihnen solche Beschlüsse schnurzegal sind. Sie entscheiden nach dem »Machbaren«. Mit dem »Machbaren«, einem neuen Wort im politischen Vokabular, kann jede neue Idee abgeschmettert werden. Sie verstößt gegen das »Machbare«, wodurch sich jede weitere Diskussion erübrigt.

Wie inhaltslos, aber machtbewußt Politik werden kann, zeigen die Vorgänge um den Regierungswechsel in Niedersachsen. Als im Januar 1976 die SPD/FDP-Regierung in Hannover einen aus Altersgründen ausscheidenden Ministerpräsidenten durch einen neuen ersetzen wollte, kam zur Überraschung aller die Opposition an die Macht – obwohl sie sich in der Minderheit befand. Was war geschehen? Einige Abgeordnete der Koalitionsparteien zeigten sich mit einem Gemeindeneuordnungsgesetz nicht einverstanden. Ihre einzige Möglichkeit, dieses Gesetz zu verhindern, sahen sie in einem Regierungswechsel. Hatte die CDU aus der Opposition heraus dieses Gesetz bisher abgelehnt, brachte sie es – einmal an der Regierung – selbst ein. Die SPD aber, die dieses Gesetz als Regierungspartei entworfen hatte, lehnte es – jetzt in der Opposition – ab. Hier spielte der Inhalt der zur Frage stehenden Entscheidung keine Rolle mehr.

Die Opposition (zuerst die CDU, später die SPD) lehnte das Gesetz ab, weil sie die Möglichkeit sah, damit einen Machtwechsel (wieder) herbeizuführen. Die Regierung (hier zuerst die SPD, dann die CDU) hielt dieses Gesetz für notwendig, um die Macht weiter monopolisieren zu können.

Wie inhaltslos Parteipolitik geworden ist, zeigt ihre Wortwahl und die Art ihrer Wahlkämpfe. Bis an den Rand der Lächerlichkeit fühlt der Bürger sich getrieben, wenn er von allen Parteien hören muß, sie seien eigentlich liberal. Auf ihr Banner schreiben alle Parteien, die Freiheit verteidigen zu wollen. Von den Plenardebatten im Bundestag sagt Bundesforschungsminister Volker Hauff: »Worthülsen und numerierbare Argumente werden ausgetauscht«[16]

Der ehemalige CDU-Generalsekretär Professor Kurt Biedenkopf hat die Inhaltsleere von Politik bestens erkannt, als er im Konrad-Adenauer-Haus eine Arbeitsgruppe »Semantik« einrichtete. Semantik heißt: die Lehre von der Bedeutung der Wörter. Tatsächlich ging es Biedenkopf aber gar nicht um die Bedeutung, sondern um die Wirkung von Wörtern. Politische Schlagworte wie »Die neue Soziale Frage« sollten der CDU Wähler zuführen, die bisher in der SPD den Garanten für eine bessere Sozialpolitik gesehen hatten. Wie weit Parteien sich von Inhalten entfernen können, zeigt eine Untersuchung, die die SPD in einem psychologischen Labor einer deutschen Universität veranstalten ließ. Dort wurde mit einem lügendetektorähnlichen Gerät getestet, wie Wörter auf Menschen wirken, nach dem Motto: Welche Wörter werden als angenehm, welche als unangenehm empfunden. Und das natürlich nicht zuletzt mit dem Ziel, herauszubekommen, welche Wörter gerade beim Anhänger der einen oder anderen Partei positiv oder negativ wirken.

Wenn schließlich die Wahlkampfführung weiß, was bei den eigenen Anhängern ankommt, was den Wechselwähler besonders begeistert, dann kann sie inhaltslose, aber wohlklingende und Begeisterung erweckende Reden schreiben. Ergebnis: Wahlkampf als Waschmittelreklame. Wie dort geht es nur noch darum, auf einem nicht mehr ausdehnbaren Markt den eigenen Verkaufsanteil zu vergrößern. Die Wahlkämpfe der letzten Zeit, etwa 1980 in Nordrhein-Westfalen, zeigen denn auch Plakate von einer nicht mehr zu überbietenden Banalität. Die SPD gewann mit dem Slogan: »Wählen gehen!«. Gemünzt war dieser Aufruf nicht auf eine Idee, sondern gegen eine negativ besetzte Führerfigur: Franz-Josef Strauß. Für Waschmittel, meinte ein Werbefachmann, der eine Wahlkampagne leitete, sei allerdings leichter zu werben: »Sie reden nicht.«

Legitimierung der Macht

Nach den Regeln unserer Demokratie bestimmt das Volk, wie es regiert werden will. In Grundgesetz und Wahlordnung sind die Regeln verzeichnet, nach denen das Volk seine Macht an eine Regierung und eine Kontrollinstanz, das Parlament, delegiert. Dabei spielen die Parteien die wesentliche Rolle; der Wähler lebt unter dem Eindruck, er habe mit seiner Stimmabgabe einen Abgeordneten oder eine Partei beauftragt, seinen politischen Willen für die nächsten vier Jahre wahrzunehmen. Damit hält er das System von Regierung und Opposition für legitimiert, in seinem Namen und in dem des Volkes zu sprechen.

Wer nun, wie die Zwanzigjährigen, zwischen den Flügeln der Staatlichen Einheitspartei keine strukturellen Unterschiede mehr erkennt, wer nach Wandel und Verwirklichung von Idealen und nicht ausschließlich nach Stabilität strebt, findet in BRD und DDR ein ähnlich festgefahrenes Modell der Legitimierung. In der Bundesrepublik besteht allerdings die Möglichkeit zu versuchen, sich diesem Legitimierungszwang zu entziehen.

Nicht Randgruppen wie DKP, KPD oder NPD bieten sich als Alternative an; erstens spielen sie im parlamentarischen Leben der Bundesrepublik keine Rolle, zweitens sind ihre Utopien so dogmatisch eingebunden, daß aus ihnen keine Hoffnung spricht.

Die Gruppe der Zwanzigjährigen drückte ihre Ohnmacht bei der Landtagswahl in Bremen 1979 so aus: 27 Prozent der Jungwähler gaben den »Grünen« ihre Stimme, ein weiterer Prozentsatz blieb der Wahl fern. So verweigerte etwa ein Drittel der Jungwähler den etablierten Flügeln der westdeutschen Staatlichen Einheitspartei die Zustimmung. Ein für die bestehende Gesellschaft beängstigendes Zeichen.

Wenn Jugendliche versuchen, diesem System ihre Legitimierung zu entziehen, zeigt sich der Staat stark genug, ihnen zu begegnen. Zwar seufzen die Jugendorganisationen von SPD und CDU über die Interesselosigkeit der Jugend, in manchem Juso-Verband ist der Jüngste 27 Jahre alt, doch die Parteien wissen: langfristige Alternativen können Andersdenkende nicht aufbauen. Die kurzfristigen Erfolge der NPD in einigen Landesparlamenten haben mit ihrem späteren Scheitern den »Grünen«* bewiesen, daß der Staat rigorose Zustimmung verlangt, nicht zu überzeugende Unzufriedene aber an den Rand drängt. Nur wenn die staatliche Organisation von Regierung und Opposition gleichermaßen Schwäche zeigt – wie in Berlin Anfang 1981 –, kann eine »Alternative Liste« bei Wahlumfragen kurzfristig auch über zehn Prozent kommen. Viele Jugendliche lassen sich jedoch durch die zunehmenden Zwänge in Berufs- und Familienleben von der Gewalt des Staatsmonopols einfangen. Sie bauen Selbstzwänge in ihr Denksystem ein und passen sich an. Dem Wähler bleiben nur zwei Möglichkeiten: entweder legitimiert er die Macht, indem er einem der Staatsparteiflügel die Stimme gibt, oder er enthält sich. Wie immer er handelt, Entscheidendes bewirkt er – in beiden Teilen Deutschlands – nicht. Die Verweigerung seiner Stimme wird nicht wahrgenommen, das »Wahlspiel« kann er genau so wenig beeinflussen wie Primitive den Ablauf eines von ihrem Zauberer veranstalteten religiösen Rituals.

Die Kandidaten, zwischen denen wir wählen können, werden von den Parteien aufgestellt. Wer in einer Ortsgruppe oder einem Unterbezirk am Auswahlprozeß teilgenommen hat, weiß, daß nur einige wenige führende

* Hier irrte der Autor. (Siehe das Kapitel: Zur Lage der vereinten Nation)

Parteimitglieder entscheiden, wer zur Wahl steht. Die Landeslisten (über die die Hälfte der Bundestagsabgeordneten bestimmt wird) werden sogar von der Parteispitze festgelegt, nicht einmal Parteiführer der unteren Ebene können mitreden – vom Wähler ganz zu schweigen. Da die Mehrheiten in den meisten Wahlkreisen schon vor der Stimmabgabe festliegen, bestimmen so Parteifunktionäre, wer als Abgeordneter ins Parlament rückt. Schon bevor das erste Wahllokal morgens geöffnet hat, stehen 70 Prozent der zukünftigen Abgeordneten fest. Und wenn der Wähler am Wahlsonntag seine Stimme abgibt, kann er ohnehin nur zwischen zwei von oben präsentierten Kandidaten entscheiden: Nur CDU/CSU und SPD gewinnen Direktmandate. Selbst prominente FDP-Politiker wie Walter Scheel konnten nie die Mehrheit in einem Wahlkreis erringen.

Im Scherz heißt es deshalb, man könne auch eine Kuh aufstellen, sie würde gewählt. Statistiker haben errechnet, daß weniger als 0,1 Prozent der Wähler darüber entscheiden, wer als Abgeordneter zur Wahl steht. Den Wähler nennt der Volksmund nicht umsonst »Stimmvieh«.

Das Getöse der politischen Auseinandersetzungen in der Bundesrepublik scheint der These einer Staatlichen Einheitspartei zu widersprechen. Die Arbeit des Bundestages bestätigt sie: über fünfundneunzig Prozent der Beschlüsse des Parlaments werden mit den Stimmen aller Parteien gefaßt.

Das Getöse, in dem Beleidigung und Verunglimpfung zunehmen, steigert sich nicht, weil inhaltliche Auseinandersetzungen größer werden, sondern – so paradox es auch klingt –, weil die Unterschiede so gering geworden sind, daß nur noch wenige hunderttausend (von 43 Millionen) Stimmen über die Zuteilung der Macht bestimmen. Je größer der Kampf zweier Waschmittel um die letzten drei Käufer, desto größer die Lügen der Werbung. Gegenseitig bescheinigen sich die beiden großen Flügel der Staatlichen Einheitspartei, den Untergang unseres Staates heraufzubeschwören: bliebe die SPD an der Macht, hörten wir bald den Marschtritt russischer Stiefeln; komme die CDU ans Ruder, sei es mit den sozialen Errungenschaften und der inneren Freiheit dahin. Vergessen wir nicht die Wirklichkeit: die SPD führte den Radikalenerlaß ein, die CDU die dynamische Rente.

Gewiß: Wirtschaftspolitisch, außenpolitisch tragen CDU und SPD weit auseinanderstrebende Gedanken vor, doch zwischen Idee und Verwirklichung stehen, einmal an der Macht, Welten, wie das Beispiel Niedersachsen gezeigt hat.

Wenn wir die Wahlaussagen der drei Bundestagsparteien für den Wahlkampf 1980 vergleichen, fallen schon die beiden Koalitionspartner weit auseinander. Die SPD setzt auf Beschäftigungspolitik und Bekämpfung der Arbeitslosigkeit, die FDP – nach einer Volte zur liberalen Innenpolitik – proklamiert die Freiheit der Wirtschaft, als vertrete sie den Manchester-Liberalismus, was die Erwerbslosenzahlen verdoppeln würde. Der FDP geht es jedoch nur darum, der CDU einige Wähler abspenstig zu machen. Denn große Arbeitslosigkeit zugunsten der Unternehmen kann sich *keine* Regierung erlauben, die wiedergewählt werden möchte.

Auf Gefühle, nicht Inhalte, bauen die Wahlkämpfer, und so nutzt auch ein ansonsten unwichtiger Flügel der »SED« die Angst des Deutschen vor absoluten Mehrheiten und sichert sein Bestehen: die FDP behauptet, die Kontinuität der Politik in der Mitte garantieren zu können.

Ursprünglich sollten die Parteien nur im vorparlamentarischen Raum tätig sein, also der politischen Willensbildung dienen und, da die Bundesrepublik als indirekte Demokratie eingerichtet ist, über ihre Abgeordneten den Wählerwillen zum Ausdruck bringen. Nach den Regeln des Grundgesetzes tritt die Partei bei Entscheidungen im Parlament zurück, und der Abgeordnete richtet sich nur nach seinem Gewissen. Diese Regeln der liberalen Parlamentsdemokratie haben schon in den fünfziger Jahren der Parteiendemokratie Platz gemacht. Das Gewohnheitsrecht des Fraktionszwanges band bald die Rede des Schriftstellers und Abgeordneten Lattmann, der vor dem Plenum des Bundestages *gegen* die Einführung des fragwürdigen und inzwischen auch wieder abgeschafften § 80a StGB (Bestrafung der Befürwortung von Gewalt) sprach, seine aus tiefster Überzeugung gehaltene Rede *gegen* dieses Gesetzeswerk jedoch mit den Worten abschloß – aus Fraktionsdisziplin werde er *für* das Gesetz stimmen.

Ausnahmen, gar Fraktionswechsel, kennen wir, doch spätestens bei der nächsten Kandidatenaufstellung wird der nach Gewissen und nicht nach Parteidisziplin entscheidende Abgeordnete seine Unbotmäßigkeit spüren. Mit dem Fraktionszwang wird die Macht, Entscheidungen zu treffen, auf eine kleine Gruppe im Fraktions- und Parteivorstand reduziert: aber dadurch geht es reibungsloser und sicherer.

Um das politische Geschehen besser beeinflussen zu können – mit dem Hintergedanken, die eigene Macht zu vergrößern –, waren sich die Bundestagsparteien bald einig im Schaffen eigener Rechte. Den Höhepunkt hierin bildet das Gesetz zur Parteienfinanzierung, mit dem sie sich als staatliche Institution etablierten – gleichzeitig aber den Prozeß der Willensbildung umdrehten. Nicht das Parteimitglied, nicht der Wähler besitzt seither den entscheidenden Einfluß auf politische Planung und Verwaltung, sondern die über ein Machtmonopol verfügenden Parteispitzen, die sich dafür aus der Staatskasse Geld überweisen. Der Staat betätigt sich nur als Kassenwart. Die Überweisung beschließen die Fraktionen einstimmig im Bundestag!

Besonders nach dem Regierungswechsel in Bonn drängten die Parteien nach stärkerem Einfluß in allen gesellschaftlichen Bereichen, allen voran die Unionsparteien. Ausgelöst wurde dieses Verhalten durch den Schock, zum erstenmal seit Bestehen der Partei nicht mehr den Kanzler zu stellen. Noch ein Jahr nach Amtsantritt der SPD vermittelte die CDU den Eindruck, der Machtwechsel sei durch Wahlbetrug entstanden. Mit Entstehen der Bundesrepublik hatte auch die Herrschaft der CDU angefangen, und sie identifizierte sich so nahtlos mit dem Staat, daß sie in all den Jahren der CDU-Kanzlerschaft nicht einmal über eine separate Parteizentrale verfügte. Die Union wurde aus dem Kanzleramt geführt. Erst 1969 wurde das Konrad-Adenauer-Haus errichtet.

Bei der Analyse ihrer Niederlage stellten die Unionspolitiker fest, daß sie aus zahlreichen gesellschaftlichen Bereichen keine Hilfe erhalten hatten. Im Gegensatz dazu konnte die SPD unter Willy Brandt auf die Unterstützung einer breiten Öffentlichkeit rechnen, die sich um die von Schriftsteller Günter Grass gegründete Sozialdemokratische Wählerinitiative gruppierte. Künstler, Dichter, Sportler, Schauspieler und anderes Volk riefen zum erstenmal zur Wahl einer Partei auf. Die gesamtgesellschaftliche Mobilisierung für Willy Brandt war bisher einmalig.

Die Folgen des Mai 68 wie auch die Reformpolitik der SPD unter Kanzler Brandt gaben der Unionsspitze einen weiteren Anstoß, ihre Tentakel bis in die entferntesten gesellschaftlichen Bereiche auszustrecken. Waren in den Fernsehanstalten engagierte Journalisten im Vormarsch, so veränderte sich auch auf dem Bildungssektor das politische Spektrum, in Stadttheatern, aber auch in Standesorganisationen und Gewerkschaften.

Schon sechs Wochen nach verlorener Wahl erhielt das Fernsehen den Schwarzen Peter an den CDU-Verlusten zugeschoben. In einer hartnäckigen Propaganda-Kampagne, angefangen 1969, streute die Union die Behauptung vom Rot-Funk aus und hatte zehn Jahre später nicht nur erreicht, daß zahlreiche hohe Posten in den Rundfunkanstalten von ihren Anhängern besetzt waren, sondern daß die Verteilung der oberen Hierarchieposten nach dem Parteienproporz, kaum mehr nach inhaltlichen Kriterien vorgenommen wird. Denn SPD und FDP schauten dem Vordringen der CDU in bisher staatsfreie Zonen nicht lange zu. Auch sie forderten und erhielten ihren Einfluß. Der Vormarsch der Parteien in scheinbar unpolitische Gebiete geht an dem normalen Bürger vorbei. Die Öffentlichkeit ist darüber nur wenig informiert.

Die Parteien haben ihre Macht bis 1980 so weit ausgedehnt, daß man ohne Zögern von einer zweiten Exekutive neben der traditionellen Staatsverwaltung sprechen kann. Auch hier stellen wir eine Ähnlichkeit mit der DDR fest, wo die SED als ideologische Macht neben der Bürokratie besteht, jedoch weder in der DDR noch in der BRD steht diese »zweite Exekutive« vollkommen getrennt neben der traditionellen.

Zu den Parteien in ihrer Funktion als zweite Exekutive neben der Bürokratie können wir im mittelalterlichen Staatsgefüge einen analogen Vorläufer finden. Damals übte die Kirche neben den Fürsten den wesentlichen geistigen (ideologischen) Einfluß aus. Den Parteiapparat als Kern des Staates in der DDR deutet Rudolf Bahro als »säkularisierten Gottesstaat«.

Strukturell ähnlich, nur der Wirklichkeit in der Bundesrepublik angepaßt, haben die Parteien auch hier ihren Anteil an der Staatsmacht ausgebaut. Da sich in Bonn zwei fast gleichgroße Parteien um die Verteilung der Macht streiten, haben sich zwei »Staatskirchen« herausgebildet. Die kleine, FDP zählt zu wenig, als daß sie in diesem Konfessionsstreit eine eigene Stimme haben könnte. Die beiden Staatskirchen verhalten sich so, wie zur Zeit Luthers Protestanten und Katholiken. Nach innen fordern sie religiös-ideologische Zustimmung, den jeweils Andersdenkenden behandeln sie als »des Teufels Sau« (Luther). Die Folgen des Glaubenskampfes können sich in Extremfällen bis ins Privatleben auswirken, wie der Hamburger Gunnar L. erlebte. Ihm teilte der Makler Johann S. mit, daß er seine Wohnung nicht weiter »zweckentfremden« dürfe, da ihm sonst eine fristlose Kündigung ins Haus stehe. L., Mitglied der SPD, stellte seine Wohnung für Redaktionssitzungen der sozialdemokratischen Stadtteilzeitung »Dreizehn« zur Verfügung. Der Makler, ein CDU-Mitglied, wünschte nicht, daß durch »bestimmte Tätigkeiten Unruhe in bisher ruhigen Häusern eintritt«, und er fügte hinzu: »Daß es sich bei dieser Zweckentfremdung darüber hinaus um eine politische Tätigkeit handelt, wird sowohl vom Grundeigentümer als auch von mir persönlich mit besonderem Mißmut aufgenommen.«[17]

Anders als in Westminster-Palace, im Capitol oder Palais Bourbon, gelten in Bonn Freundschaften nur innerhalb, nicht quer durch die Parteien. Gleiche Gesinnung gilt als Voraussetzung für Freundschaft – und selbst innerhalb der Parteien werden Grenzen gezogen. Ein Kanalarbeiter (rechte SPD-Fraktion) wird kaum ein Mitglied des Leverkusener Kreises (linke SPD-Fraktion) zu seinen Kumpeln zählen.

Auch in ihrem politischen Angebot nähern sich die Parteien (besonders die CDU) den religiösen Versprechen einer Kirche, etwa wenn sie dem Wähler »Freiheit und Glück« versprechen. Das Erlösungsmotiv wird verweltlicht und als politisch lösbar dargestellt. Mit dem Glückversprechen will die Partei Hoffnungen und Erwartungen wecken, deren Erfüllung sie in Aussicht stellt – falls der Wähler sie mit der Mehrheit ausstattet. Glück wird von der Politik jedoch seines transzendentalen Kleides beraubt und heißt nur noch Wohlstand, soziales Ansehen. Materiell wird das Glück erfüllt, ideelle Beglückung durch Selbstverwirklichung ist damit nicht angesprochen. Abgesehen von kurzfristigen, Einzelfälle betreffenden Erfolgen der Parteibasis (hauptsächlich in der SPD) gegen die etablierte Spitze, haben die Parteiführungen die Tendenz, ihre Macht innerhalb des Apparates auszunutzen wie einst die Kirchenfürsten, von denen wir wissen, daß auch sie miteinander stritten. Die politischen Planer geben vor, besser informiert und weitblickender als das gemeine Volk zu sein, und erheben den Anspruch, den Bürger (den Gläubigen) geistig weit zu übertreffen. Und weil sie über die Erkenntnis verfügen, beanspruchen bundesrepublikanische Parteien – jede für sich – wie die DDR-SED »den Status göttlicher Allwissenheit in Fragen der grundlegenden sozialen Bedürfnisse«[18] (Bahro).

Die in vielen Punkten parallele Entwicklung von BRD und DDR verwundert nicht, gründen beide Staaten auf dem gleichen geistigen und politischen Werdegang. Beide Völker legen auf Ordnung größeren Wert als auf Freiheit, beide werden aus gemeinsamem geschichtlichen Erlebnis von den Fünfzigjährigen mit ihrem Wunsch nach Stabilität und absolutem Funktionieren regiert. Beide Länder haben sich so in den letzten dreißig Jahren eine vergleichbare Position innerhalb ihrer Blöcke geschaffen: jeweils nach dem Blockführer nehmen sie den Platz des wirtschaftlich und militärisch stärksten und politisch loyalsten Partners ein.

Wesentliche Entscheidungen auf allen politischen Ebenen, von der Gemeinde bis nach Bonn, werden kaum noch von den dafür beschäftigten Beamten gefällt, sondern von Parteifunktionären, deren ausschließlicher Beruf immer häufiger der eines Politikers ist. – Diese Parteipolitiker greifen sogar in Konflikte ein, die von den Verwaltungen zu lösen wären. Ein Beispiel: Die leeren Fabrikgebäude der Schokoladenfirma Stollwerck wurden Mitte 1980 von Alternativgruppen in Lebensräume umgewandelt. Nicht die Stadt löste das Problem der Räumung, sondern der in dieser Gemeinde allmächtige SPD-Fraktionsführer und Parteichef Günther Herterich. Nur noch die Durchführung überließ er der Bürokratie.

Als wichtige Aufgabe sehen Berufsparteipolitiker jeder Couleur an, Personalentscheidungen zu treffen. So wählt heute keine Bürokratie mehr einen Schuldirektor, einen Theaterintendanten, Museumsdirektor, den Chef eines Jugend- oder Kulturhauses ohne vorherige Zustimmung der in diesem Bezirk regierenden Partei. Einen Schuldirektor zu bestimmen, sieht die Partei als Machtfaktor an, da sie durch die Bevorzugung eines ihr zuneigenden (und spätestens nach der Ernennung beitretenden) Leiters den Einfluß auf die Auswahl der Lehrer, aber besonders auf die inhaltliche Tendenz des Unterrichts erhalten wollen. Tatsächlich kommt es inzwischen vor, daß Referendare bei ihrer Bewerbung um einen Ausbildungsplatz von dem Direktor gefragt werden: »Sind Sie Juso?« Und nach Verneinung hören können: »Sonst hätte ich Sie auch nicht genommen«. Mit solcher Auswahl führt der Direktor aus, was die Partei, die ihm zu seinem Amt verholfen hat, als Gegenleistung erwartet.

Die Personalpolitik der Parteien geht inzwischen so

weit, daß die zuständigen Dezernenten einer Stadt in vielen Fällen nicht mehr die Macht haben, nach eigenen Kandidaten zu forschen – und diese vorzuschlagen. Die Partei sucht gleich selbst nach dem genehmen Mann und präsentiert ihn dem Dezernenten.

Der parteipolitische Einfluß auf Personalentscheidungen hat inzwischen so zugenommen, daß selbst in Teilbereichen der Wirtschaft, besonders aber bei den Informationsträgern, parteipolitische Gesichtspunkte zum bestimmenden Element geworden sind. Die Spitzenpositionen zahlreicher Organisationen sind heute entsprechend der Parteizugehörigkeit besetzt. Dies trifft nicht nur die Rundfunkanstalten – obwohl es dort am meisten hervorsticht, handelt es sich meist um in der Öffentlichkeit bekannte Personen. Posten von Intendanten, Direktoren, Hauptabteilungsleitern werden nach dem jeweiligen Kräfteverhältnis einzelnen Parteien zur Besetzung zugeteilt. Das Ziel auch hier: ein den Parteien genehmes Programm und den Parteien genehme Personalpolitik auf den unteren Ebenen.

So erreichen die Parteien die Normierung der Gesellschaft nach ihren Vorstellungen. Die von ihnen ausgewählten Führungspersönlichkeiten stechen durch zwei Eigenschaften hervor: sie haben sich als gute Verwaltungsfachleute qualifiziert, und durch eigene, eigenwillige Ideen (die sich in Widerspruch zum Parteiwillen äußern könnten) fallen sie nicht auf.

Die Klasse der Politiker

In einer demokratischen Gesellschaft sorgt die Verfassung dafür, daß jeder eine faire Möglichkeit hat, am politischen Leben teilzunehmen und mitzuwirken. Im Idealfall hätten gleich Begabte und Motivierte ähnliche Aussicht auf eine politische Karriere, die im parlamentarischen System der Bundesrepublik durch die Parteien führen müßte. Eine Partei kann man sich vorstellen als den Verein, in dem Metzger, Arbeiter, Schuster, Rechtsanwälte und Kaufleute sich zusammenfinden, um ihre auf einen gemeinsamen Nenner gebrachten Ideen und Interessen politisch zu verwirklichen. Wenn aber der gestandene Metzger in eine politische Funktion gewählt wird, so achtet er wahrscheinlich nicht primär auf die Funktionsfähigkeit des Systems, sondern wird in die Politik Elemente seiner persönlichen und beruflichen Erfahrung einbringen. Belege für solches Verhalten bieten das US-Abgeordnetenhaus wie auch die französische Nationalversammlung. Eigenständiges Denken mag die Politik bereichern, den reibungslosen Ablauf jedoch erschwert es. Mit dem Argument, die technisierte Welt sei so kompliziert, daß sie nur noch Spezialisten verwalten könnten, haben die Parteien die entscheidenden Weichen zur Bildung einer Klasse von Politikern gestellt, und das Bundesverfassungsgericht hat in einem Urteil den Abgeordneten des Bundestages bestätigt, daß die Tätigkeit des Parlamentariers einem vollen Beruf gleichzusetzen sei.

In einigen Landtagen kommen mehr als fünfzig Prozent der Gewählten, also jeder zweite Abgeordnete, aus dem Beamtenstand – im Bundestag mehr als jeder Dritte. In der 1980 gewählten Volksvertretung kommen 41% der Abgeordneten aus dem öffentlichen Dienst, weitere 13% gehen aus Interessenverbänden und Lobby hervor. In der ehemaligen Arbeiterpartei SPD gehören im 8. Bundestag 41 Prozent der Abgeordneten zum Beamtentum, sechs Prozent zur Arbeiterschaft.

Dieser Entwicklung entspricht auch der Bildungsstand der Berufspolitiker: 60 Prozent der 1976 gewählten BT-Abgeordneten weisen einen Hochschulabschluß vor.

Die Voraussetzung für den Beruf »Politiker« schufen die Parteien mit dem Beschluß, den Abgeordneten hohe Gehälter zu zahlen, an die sogar eine Pension gebunden ist. Politische Karrieren beginnen heute oft mit einer Assistenz in einem Parlament, von dort wechselt man als Abteilungsleiter an eine Behörde oder kandidiert bereits erfolgreich in einem Wahlkreis. Der Nachwuchs rekrutiert sich zum großen Teil aus den Parteijugendorganisationen, der Bürokratie und den Fraktionen.

Der stellvertretende SPD-Fraktionsführer und ehemalige Minister Horst Ehmke war einst Fraktionsassistent bei Dr. Adolf Arndt, dazwischen aber auch Staatssekretär bei Gustav Heinemann im Justizministerium. Die Fraktionsassistentin Karola von Braun kandidierte 1980 für die FDP für den Bundestag – und wurde gewählt. Sie brauchte nur die Räume zu wechseln – jetzt kann sie als Abgeordnete einen eigenen Assistenten anstellen. Bei den anderen Parteien sieht es gleich aus: CDU-Fraktionsgeschäftsführer Jenninger war Büroleiter in den Ministerien von Krone und Strauß ... die Beispiele lassen sich beliebig fortführen. Es besteht also auch die Möglichkeit, als politischer Jungstar Blitzkarriere zu machen. In Hamburg machte Maja Stadler-Euler ihr Assessorexamen, während sie schon den Posten als FDP-Fraktionsvorsitzende bekleidete. Andreas von Schoeler bestand gerade sein juristisches Staatsexamen, als er in den Bundestag einzog, wenige Jahre später amtierte er als Parlamentarischer Staatssekretär im Innenministerium.

Diese jungen, in Soziologie, Politischen und Rechtswissenschaften geschulten Berufspolitiker verfügen über wissenschaftliche Analyse-, Planungs- und Entscheidungskenntnisse, die dem aus Dinkelsbühl entsandten Metzger fehlen. Der aber wiederum weiß, was das Volk denkt; schon nach zehn Jahren seiner politischen Karriere klagt

Bundesminister Volker Hauff: »Es gibt zu viele Menschen, die mit mir nicht mehr reden wollen oder schlimmer: mit denen ich nicht mehr reden kann.«[19] Der Kontakt des Politikers zum Volk reduziert sich auf das Gespräch mit den engsten politischen Mitarbeitern. Selbst der Wahlkampf im eigenen Wahlkreis läßt den Berufspolitiker nur noch oberflächlich mit dem Bürger zusammentreffen. Einmal Ministerpräsident, Kanzler oder Parteiführer, dient das Volk nur noch als Staffage.

Wie in jedem anderen Beruf entwickelt auch die Klasse der Politiker eigene Riten, Wertskalen, Hierarchien. Wer mehr verdient, gilt auch hier inzwischen mehr. Und da diese Klasse sich selbst bezahlt, liegen die Gehälter hoch. Wer einige Jahre monatlich zehn-, zwölftausend oder mehr Mark verdiente, der wird sich an einen Lebensstandard gewöhnt haben, den er nicht mehr verlieren möchte. Deshalb wird er – zum Nachteil des Wählers – Kompromisse eingehen, wenn er dadurch Posten und Einkommen sichern kann. Schließlich geschieht Machtausübung öffentlich, so erscheinen die Politiker in Zeitungen, drängeln sich ins Fernsehen und wissen, daß die 20-Uhr-Ausgabe der Tagesschau wichtiger ist als die 17-Uhr-50-Sendung. Sie kennen die Posen und haben gelernt, daß es häufig nicht mehr darauf ankommt, etwas Wichtiges zu sagen, sondern: gesehen werden zählt. Geld, Macht, Bekanntheit motiviert die Politiker – und Beamte, die mit diesen Politikern zusammenarbeiten, erkennen, wie leicht und mit welchem Genuß sie ihr Brot verdienen, und streben ihnen nach.

Beamten wird eine politische Karriere durch das Beamtengesetz erleichtert. Während des Wahlkampfes erhalten sie sechs Wochen bezahlten Urlaub. Welcher Metzger, Arbeiter, Händler kann ohne Verdienstausfall kandidieren? Nach Ablauf der Legislaturperiode hat der Beamte die Möglichkeit, wieder in sein Arbeitsverhältnis zurückzukehren. Sollte er mehrere Amtsperioden im Parlament gesessen haben, läßt er sich in der Zwischenzeit befördern. Nach Ablauf einer Wahlperiode meldet er sich für einen Tag bei seiner Dienststelle zurück, wird befördert – und sofort wieder beurlaubt, um für die Wiederwahl zu kämpfen.

Durch den Personalaustausch unter Bürokratie und Parlament entsteht eine geistige Übereinstimmung zwischen Abgeordneten, die ehemals Beamte waren, und hohen Ministerialbeamten, die einst in der Fraktion arbeiteten. Da sie, außer Politik zu verwalten, keine praktischen Erfahrungen gesammelt haben, zeigen sie sich selten offen für kreatives politisches Denken. Und weil politische Phantasie nicht zum Beruf eines Verwalters gehört, sind sie mehr an Macht als an Ideen interessiert. Neue Ideen verändern die Routine, und da viele der aus dem Beamtentum stammenden Abgeordneten aus den unteren Rängen kommen, ordnen sie ihre politische Arbeit lieber den bestehenden Zuständen unter.

Indem Politik und Bürokratie ihre eigene Klasse schaffen und dem einfachen Volk den Zugang zur Politik erschweren, verhindern sie den Aufstieg originärer politischer Führerpersönlichkeiten. Die Politik der Bundesrepublik lebte in den letzten Jahrzehnten von Figuren wie Kurt Schumacher, Konrad Adenauer, Herbert Wehner und Willy Brandt, ja auch von Franz Josef Strauß. Solch unbequeme Menschen wachsen nicht mehr heran. Den Vorzug erhält der aalglatte dreißigjährige Senkrechtstarter, der als Parlamentarischer Staatssekretär seine Fähigkeiten, Politik zu verwalten, beweist, jedem Konflikt aus dem Weg geht und für noch höhere Ämter bereitsteht. Der Austausch zwischen Politik und anderen gesellschaftlichen Bereichen, wie ihn besonders die Vereinigten Staaten praktizieren, hat in dem festgezurrten System der Bundesrepublik keinen Platz.

Die vereinigte Klasse von Politik und Bürokratie hatte es leicht, sich ihre eigenen Privilegien zu schaffen. Seit 1975 liegt der öffentliche Dienst an der Spitze der Einkommen in der Bundesrepublik, noch vor den Bergleuten, die gewiß schwerere und die Gesundheit belastendere Arbeit verrichten. Im Gegensatz zum Bergmann können die Staatsdiener sich »selbstversorgen«. Von den Regierungen als Dienstherren abgeschlossen, haben die Parlamente die Gehälter bestätigt; denn bis vor wenigen Jahren hingen die Abgeordnetendiäten direkt von der Erhöhung des Beamtensoldes ab.

Selbst in Krisenzeiten, wie nach der Wahl 1980, müssen Beamte nicht um ihre Privilegien fürchten. Sie sind neben den Bauern die einzigen, denen trotz Sparprogrammen kaum Opfer abverlangt werden. Die Liste der Beamtenbegünstigungen umfaßt so viele Einzelheiten, daß kaum einer sie vollends durchschaut – außer den Amtmännern, die sie entworfen haben. In einem Dokument des Bundesfinanzministeriums (Aktenzeichen II A 4 – BA 3600 3/78) werden 176 »Vergünstigungen für Bundesbedienstete und Bedienstete von Bahn und Post« aufgezählt. Diese Liste unterliegt dem Schutz der Vertraulichkeit. Von einem Bonner Staatssekretär wird die zynische Äußerung zitiert: »Bei soviel Zulagen ist das Grundgehalt wohl nur noch als Anwesenheitsprämie zu sehen.« Und diese »Anwesenheitsprämien« fallen ungewöhnlich hoch aus. Wer im öffentlichen Dienst unterkommt, hat Arbeitslosigkeit nicht mehr zu befürchten, und eine die Renten übertreffende Pension ist ihm gewiß. Die Beamten brauchen dafür noch nicht einmal einen eigenen Beitrag leisten. Der Bund der Steuerzahler errechnete, daß ein verheirateter Amtsinspektor mit zwei Kindern monatlich brutto 3574 Mark verdient – netto 3099 Mark. In der freien Wirtschaft muß ein Angestellter mindestens 4285 Mark brutto erhalten, um das gleiche Nettogehalt zu erzielen. Die großzügige Krankenbeihilfe, die einige hundert Mark monatlich wert ist, erhält nur der Beamte zusätzlich. Ohne daß etwas geleistet werden muß, zahlt der öffentliche Dienst alle zwei Jahre eine Dienstalterszulage – man muß nur älter werden. Die ungleiche Altersversorgung kommt hinzu: Nach 35 Dienstjahren erhalten Beamte etwa 80 bis 85 Prozent ihres letzten Nettoverdienstes als Pension. Im nichtöffentlichen Bereich kommt der Rentner nur auf 65 Prozent vom Durchschnittsverdienst aller Lebensjahre! Als weitere Begünstigungen erwarten den Staatsdiener Befreiung von der Arbeitslosenversicherung, Beamtenläden, in denen er zu Großhandelspreisen einkaufen kann (warum machen wir uns über die für DDR-Spitzenfunktionäre reservierten Läden lustig?), verbilligte Darlehen, Kredite, herabgesetzte Autoversicherungen ... Durch die kaum gebremste Selbstversorgung der politisch-bürokratischen Klasse stiegen die Personalkosten auf ein Drittel der Gesamtausgaben des Staates. Gelder, die von dem Rest der Bevölkerung aufgebracht werden müssen. Der ehemalige SPD-Bundestagsabgeordnete, Professor Ulrich Lohmar, spricht deshalb von einem »neuen Klassenkampf«, da der Bürger in zunehmendem Maße für die Bürokratie da sein müsse – statt umgekehrt.[20]

Der bürokratische Despotismus

Ein Staat, besonders wenn er vorgibt, sozial und gerecht zu sein, bedarf einer Verwaltung. Erfunden wurde die Bürokratie von den Fürsten, die über ihre Finanzverwaltung Gelder für Hofhaltung und Armee eintrieben. Dort wurden in Akten die Besteuerungsmerkmale festgelegt und zum Maß der Zahlungen genommen. So entstand die Akte als der Verwaltung künstliches Gedächtnis über den Bürger, mit dem Vorteil, zuverlässiger zu sein als das menschliche Hirn*. Die Akte nämlich vergißt nicht – wenn auch die Chance besteht, daß sie verlegt wird und verstaubt. Als das Wahlrecht auf das gesamte Volk ausgedehnt wurde, entstanden die Parteien. Industrialisierung und Proletariat führten zur Bildung der Gewerkschaften; immer größere Industrien, Versicherungsgesellschaften, Banken, Dienstleistungsunternehmen bauten ihre eigenen Bürokratien auf.

Sinn der Verwaltung eines demokratischen Staates ist, die von gewählten Politikern beschlossenen Richtlinien zu verwirklichen. Der Arbeitslose erhält sein Arbeitslosengeld, der Unterbemittelte die Sozialunterstützung, auch in ländlichen Gebieten werden gute Schulen eingerichtet etc.

Kritik an der Verwaltung setzt dann ein, wenn sie, wie in der Bundesrepublik, die politische Planung und Entscheidung selbst übernimmt, statt sie den Politikern zu überlassen. Die Vereinigung von Politikern und Bürokraten zu einer Klasse rührt auch daher, daß Politiker die Verwaltung nicht mehr nach politischen Ideen zu lenken vermögen. Wenn ein Minister die Notwendigkeit gewisser Veränderungen eingesehen hat, so wird er trotz seines hohen Amtes gegen die beharrenden Strukturen der bürokratischen Apparate seines Ministeriums zu kämpfen haben. Unlängst klagte ein Bonner Minister, er könne sich gegen einen Referatsleiter nicht durchsetzen. Disipliniere er den Beamten (versetzen kann er ihn nicht, da sei der Personalrat vor), reagiere der mit einem Informationsboykott gegenüber dem hohen Chef.

* Aber auch trügerisch, wie die Stasi-Akten zeigen.

Das Idealbild, das die bundesdeutsche Bürokratie von sich malt, kommt dem Wunsch der Fünfzigjährigen nach Stabilität entgegen. Da es der Bürokratie – wie gesagt – um perfektes Funktionieren geht, muß sie vorhersehen, was in der Zukunft auf sie zukommt, in der Gegenwart gilt es über Regeln und Instrumente zu verfügen, die den Bürger die Anordnungen ausführen lassen.

Verwaltung der Gegenwart und Zukunftsplanung setzt die Kenntnis über soziale Zusammensetzung und Verhalten der verwalteten Objekte, der Bürger voraus, und je besser und umfangreicher die Informationssammlungen, desto einfacher und schneller kann die Bürokratie handeln.

Da der Staat heute in fast alle wesentlichen Bereiche des gesellschaftlichen Lebens hineinregiert, muß er selbst über die kleinsten Details des Verhaltens der Massen Auskunft erhalten. Geplant werden Verkehrswege, neue Flugplätze, Trassen für schnellere Eisenbahnen, neue Familiengesetze, Autowege: Welchen Bedürfnissen folgt der einzelne Bürger? Wer wird unter welchen Umständen heiraten, eine Ein-, Zwei-, Drei-, Vierkinderfamilie gründen? Wieviel Energie wird in zwanzig Jahren vorhanden sein, wieviel darf verbraucht werden, und wieviel wollen die Bürger verbrennen?

Wenn die Bürokratie über das Leben eines jeden Bürgers Bescheid weiß, seine normierten Daten kennt und jederzeit abrufen kann, wird ihr die Beherrschung des täglichen Lebens weitgehend gelingen. Die Bürokratie wird nach ihren eigenen Vorstellungen die Lebensgewohnheiten des einzelnen verändern. George Orwells Roman »1984« schildert die totale Beherrschung des Menschen durch die anonyme Diktatur. Die Bürokratie eines demokratischen Staates wünscht sich wahrscheinlich eine ähnliche Macht über den Bürger – aber selbstverständlich lehnt sie den Vergleich mit der anonyme oder konkrete Gewalt ausübenden Diktatur ab – zu Recht. Denn theoretisch schwebt der Bürokratie eine Gesellschaft vor, in der Orwells »1984« und Aldous Huxleys »Schöne neue Welt« vereint sind: die hygienische Gesellschaft. Die Menschen leben in einem Operationssaal, in dem ein nicht in das Planungsraster passender Bürger der Chirurgie ausgeliefert ist. Nicht mit äußerer Gewalt, sondern mit »gesundheitsfördernden« Eingriffen wird er angepaßt. Und was der Gesundheit dient, billigen wir. Die Nachkommenschaft wird entsprechend geklont – um die grauenhafte Vorstellung zu vervollständigen.

Um Überraschungen auszuschließen, muß eine Verwaltung alle Handlungsmöglichkeiten des Bürgers vorhersehen und durch Verordnungen und Gesetze in lenkbare Muster pressen. Nicht moralische Richtlinien wie die Zehn Gebote reichen aus, sondern jeder Schritt des einzelnen muß vorbestimmbar sein. Dem Traumbild der Bürokratie stehen wir heute weitaus näher, als die meisten ahnen.

Statt dessen klagen wir in Deutschland über die Bürokratie, weil sie zuviel Geld kostet, ihr Personal unmäßig ausweitet und besonders, weil wir häufig kaum noch die Möglichkeit finden, mit Beamten auf eine Art und Weise zu reden, die wir im Volksmund »vernünftig« nennen. Trotz immer mehr uns aufgebürdeter Verordnungen – und Formulare, trotz einer kaum für möglich gehaltenen Erweiterung häßlicher Verwaltungsbauten, hilft uns die Bürokratie im Privatleben und in der Arbeitsroutine eines kleinen oder mittleren Wirtschaftsbetriebes immer weniger. Im Gegenteil – die Pannen mehren sich –, der Bürger leidet unter dem Gefühl, Fehlleistungen der Herren Amtsleute ausbügeln zu müssen. Als Folge der Verstaatlichung der Demokratie meint die Verwaltung, darauf verzichten zu können, ansprechbar zu sein. Beamte verhalten sich gegenüber dem Bürger wie der Herr zum Diener.

Weil sie seit dem Bündnis von Politik und Verwaltung Herr ist, hat die Bürokratie in der Bundesrepublik nicht nur für einen Zuwachs an Macht gesorgt, indem sie mehr Aufgaben an sich gezogen hat, diese zentralistisch und mit den neuesten Mitteln der Technik bearbeitet, sondern sie konnte auch ihr Personal sprunghaft erweitern und hat Zahl wie Umfang von Gesetzen und Verordnungen enorm vergrößert. Eine verbindliche Vorstellung eines Publikumsauftrages steht diesen, mit notwendiger Effizienzsteigerung begründeten Maßnahmen nicht gegenüber.

Gewiß war es notwendig, mehr Lehr-, Krankenhaus- und Sozialpersonal anzustellen, doch mit ihnen hat der Personalanstieg in den staatlichen Behörden nur unwesentlich zu tun, genauso wenig mit Effizienz. In manchen Behörden wurde Planstelle auf Planstelle geschaffen, weil das Prestige eines Amtschefs von der Zahl seiner Mitarbeiter abhängt, wie das Renommee eines Ministers von der Anzahl seiner Leibwächter. Minister, die Bestätigung für ihre Arbeit nicht mehr aus dem direkten Umgang mit dem Wähler ziehen können, vereinsamen, schaffen Küchenkabinette und bringen neues Personal aus den Partei- und Fraktionsvorzimmern mit. Interne Schätzungen in Bonn gehen davon aus, daß zehn bis dreißig Prozent dieser Bürokraten überflüssig seien.

Mit welchem Unsinn manch ein Beamter beschäftigt wird, haben viele Bürger erlebt. Unübertroffen grotesk wirkt der Fall jener Lehrerin, die eine Woche nach ihrer Anstellung an einer öffentlichen Schule im September 1976 einen Brief des für sie zuständigen Regierungspräsidiums des Inhalts erhielt, im September 2001 fände ihr fünfundzwanzigjähriges Dienstjubiläum statt. Ein Beamter beschäftigt sich ausschließlich mit solcher Post. Die

Bearbeitung eines Beurlaubungsantrags derselben Lehrerin dauerte achtzehn Monate.

Wir beklagen nicht nur den Personalanstieg, wir bejammern auch die Gesetzesflut. Die politische Führung des Staates sollte davon ausgehen, Gesetze nur dann zu erlassen, wenn sie unvermeidlich sind. Statt dessen sucht die Bürokratie systematisch nach gesellschaftlichen Tatbeständen, die bisher noch nicht gesetzlich geregelt wurden. Die Maßnahme- und Einzelfallregelung kommt der Bürokratie entgegen, denn eine materielle Gesetzesplanung, die von allgemeinen Geboten ausgeht, läßt einen zu großen Auslegungsfreiraum. Die Verordnungswut bindet und behindert den Bürger, sorgt aber für die Weiterbeschäftigung von Beamten, die »Änderungsgesetze« zu den bestehenden vorbereiten, so daß schließlich Gesetzestitel wie folgt lauten: »Verordnung zur Umstellung der Verordnung zur Einführung der Verordnung über die Beförderung gefährlicher Güter auf dem Rhein (ADNR) und über die Ausdehnung dieser Verordnung über die übrigen Bundeswasserstraßen auf das Gesetz über die Beförderung gefährlicher Güter sowie zur Änderung dieser Verordnung« – dies ist keine Satire!

Durch Änderung und Neuschaffung von Verordnungen nach dem obigen Beispiel wird jede Maßnahme nachvollziehbar, doch manch einer wird vor eigener, besonders wirtschaftlicher Initiative gebremst, weil der behördliche Aufwand zu groß ist. Wer will investieren, wenn er erst siebenundzwanzig Formulare von der Behörde abholen muß? Durch die Presse bekannt wurde der Fall jenes Stuttgarter Bürgers, der ein unter Denkmalschutz stehendes Haus renovieren wollte. Zwar sollte er für die Erneuerung einen Zuschuß erhalten, doch die Bürokratie verlangte von ihm, sechsundfünfzigmal mit sechs verschiedenen Ämtern in Kontakt zu treten, wobei diese sechs Ämter noch fünf weitere hinzuzogen. Und das alles, um einen Zuschuß für eine Renovierung zu erhalten.

Es soll – nicht nur bei Kafka – in einigen Ländern des Ostblocks sogar Gesetze geben, deren Wortlaut der Bevölkerung nicht bekanntgegeben wird. Wer den Inhalt eines Gesetzes nicht kennt, lebt in der ständigen Angst, dagegen zu verstoßen. In der Bundesrepublik können wir zwar alle Gesetze und Erlasse nachlesen, doch handelt es sich inzwischen um so viele, daß diese Möglichkeit nur noch theoretisch besteht und die meisten Bürger den Rahmen ihrer Rechte und Pflichten nicht mehr genau übersehen. So verwundert nicht, wenn auf die Frage, was sie am meisten belaste und ihre persönliche Freiheit einschränke, 34 Prozent der Befragten die öffentlichen Verwaltungen angeben.[21]

Aus dem Denken, die Bürokratie könne das Leben der Bürger besser lenken als der Bürger selbst, haben die Beamten – unterstützt von den Politikern – die Gebietsreformen geboren. Klarer kann sich die Mentalität des alten Obrigkeitsstaates gegenüber dem Grundgedanken der Selbstverwaltung nicht mehr durchsetzen. Darin zeigt sich die inzwischen gewachsene Stellung der politisch-bürokratischen Klasse, die keiner Leistungskontrolle ausgesetzt wird, in der es auch kaum Sanktionen gibt – es sei denn, man klaue die sprichwörtlichen silbernen Löffel oder falle in Spionageverdacht (der Verdacht allein genügt zur Existenzvernichtung). Ob ein Regierungsdirektor eine Brücke oder einen Bahnhof für den falschen Ort plant und dadurch zehn Millionen Mark vergeudet (das kam schon häufiger vor), oder ob ein Amtmann einen Ratsuchenden von Behördenzimmer zu Behördenzimmer schickt, nur weil er zu faul ist, das Formular zu bearbeiten, bleibt ohne Folgen. Rechenschaft wird nicht verlangt: den Schaden trägt der Bürger.

Aber auch einen weiteren Schaden trägt der Bürger, dessen Ausmaß die Mehrheit der Bevölkerung in der Bundesrepublik noch nicht einmal erkannt hat. Immer schneller und rücksichtsloser kann die mit immer perfekteren technischen Hilfsmitteln ausgestattete Verwaltung vom Bürger »verwaltungsgerechtes« Verhalten erzwingen. Der Computer ersetzt die Akte. Während das Papier auch mal vergilbte, der Bürger eine spielerische Chance hatte, auch mal der Verwaltung ein Schnippchen zu schlagen, ist die Kontrolle durch den Computer perfekt.

Der Computer dient der Bürokratie auf zweierlei Art: einmal in der direkten Verwaltung der Bürger, und dort kommt jeder mit ihm in Berührung. Eine gewichtigere Rolle aber spielen die Rechner beim Sammeln von Informationen, um Daten aller gemeinschaftlichen Bereiche zu speichern; denn je größer der Informationsvorsprung und je detaillierter die Kenntnisse, desto besser kann der Staat planen, entscheiden, kontrollieren.

Die Einführung des Computers in öffentlichen Verwaltungen hat die Beziehung zwischen Beamten und Bürger ähnlich zerstört wie die Gemeindereform. Bearbeitete früher der Finanzbeamte Meier die Steuererklärung des Bürgers Müller, so konnte er in einem Telefongespräch die eine oder andere Zusatzfrage stellen. Heute bearbeitet der Finanzbeamte die Erklärung, füttert sie in den Zentralcomputer des Finanzamtes, und einige Wochen später erhält der Bürger Müller einen vom Computer ausgeschriebenen Bogen, den er – wenn er Glück hat – versteht. Auch hier lassen sich tragische und komische Beispiele des Versagens der Behördencomputer anhäufen. Der Steuerzahler Claus L. erhielt die Aufforderung 0,00 DM nachzuentrichten. Als L. das Papier wegen seiner offensichtlichen Unrichtigkeit wegwarf, statt die Behörde zu informieren, erhielt er mit entsprechendem zeitlichen Abstand die wieder vom Computer ausgefüllte Mitteilung, da er 0,00 DM nicht gezahlt habe, müsse er nun 10,00 DM Strafe berappen. Claus L. – von Beruf Journalist – veröffentlichte die Groteske, und die Bürokratie steckte zurück. Ein bayrischer Bürger erhielt wegen eines Verkehrsdelikts ein Strafmandat, obwohl er weder Führerschein noch Auto besaß. Auch er reagierte richtig auf den offensichtlichen Fehler der Bürokratie. Er aber konnte sich nicht an die Öffentlichkeit wenden und trotz seines Versuches, eine gerichtliche Klärung herbeizuführen, wurde er verurteilt und mußte zahlen: er hätte Widerspruch einlegen müssen! Eine bürokratische Despotie nannte Karl August Wittfogel die hydraulischen Gesellschaften des Orients. Mit der Begründung, das lebensnotwendige Wasser gerecht zu verteilen, herrschte ein Beamtenstaat mit despotischen Mitteln. Zur bürokratischen Despotie droht sich die Bundesrepublik zu entwickeln, seitdem die Verwaltungen dazu übergegangen sind, Computer zur Kontrolle und Lenkung des einzelnen Bürgers zu verwenden: mit der guten Absicht, den bestehenden Zustand des Wohlstands und der politischen Ruhe zu sichern – und fortzuentwickeln.

Es fällt schwer, sich genau vorzustellen, wie das nicht mehr geheime Wissen über jeden einzelnen dazu dienen kann, ihn mittels Bürokratie zu unterjochen. Verkleinern wir das Bild vom Bürger und seinem Computer-Staat auf den intimen Bereich einer Familie, und versehen wir diesen Vergleich mit einem Hauch Utopie. Seit zehn Jahren ist das Ehepaar Herbert und Anneliese Nummer verheiratet, zwei Kinder wachsen auf. Dem Sozialvertrag, mit dem der Bürger die Regierung legitimiert, für ihn zu handeln, soll der Ehevertrag entsprechen. Theoretisch herrscht Gleichberechtigung zwischen den Ehepartnern.

Die Kinder sollen im nächsten Herbst auf die Schule

gehen, ob auf die katholische oder die Gesamtschule, haben die Eltern noch nicht entschieden. Herbert Nummer verfügt nun über eine von uns angenommene Fähigkeit, die dem Computerwissen des Staates entspricht. Er weiß soviel über Wünsche, Absichten, Verhaltensweisen der Familienmitglieder, daß er stets alle Entscheidungen in seinem Sinn beeinflussen kann. Seine Frau Anneliese möchte die Kinder auf die Gesamtschule schicken – er aber zieht die katholische vor. Weil er (ohne Wissen seiner Frau) durch seine utopische Veranlagung alle Argumente kennt, die seine Frau für und wider die Entscheidung abwägt, fällt es ihm leicht, seine Frau so zu beeinflussen, daß die Kinder schließlich in die katholische Schule gehen. Sein »Computer« läßt ihn vorausahnen, wann seine Frau ins Kino gehen möchte. Will Herbert Nummer lieber zu Hause bleiben und fernsehen, dann kann er frühzeitig seinen Wunsch anmelden und bemerken: »Heute abend würde ich wirklich gern mal zu Hause bleiben ...« Der Kinogang wird verschoben. Herbert Nummer kann – unbemerkt von der Familie – das gesamte Verhalten von Frau und Kindern beeinflussen. Er kann die Schwerpunkte der Verteilung des Haushaltsgeldes festsetzen, der Lektüre, des Freundeskreises. Seine Gabe erlaubt ihm, Frau und Kinder ohne wirkliche Verbote, ohne Drohungen oder Gewalt zu lenken. Seine Familienmitglieder werden vielleicht ein Unwohlsein empfinden, unterjocht fühlen sie sich nicht – weil sie nicht wissen, was sie lenkt.

Wir dürfen uns nicht von dem Argument überzeugen lassen, der Ehemann, also der Computerstaat, handle im wohlverstandenen Interesse des Bürgers. Die Motivation des Staates – er handle zum Besten des Bürgers – können wir nicht mehr überprüfen, da auch er über Wissensvorsprung verfügt. Auch die Behauptung, so schrecklich wie in unserem Beispiel könne die Wirklichkeit nicht werden, wir lebten in einem *demokratischen* Staat, überzeugt nicht. Denn diese Wirklichkeit hat schon begonnen.

Fast unbemerkt selbst von einer kritischen Öffentlichkeit hat der Staat in der Bundesrepublik in den letzten Jahren einen geheimen Sicherheitsbereich aufgebaut, der so umfangreich und perfekt angelegt wurde, daß er der restlichen Welt als Modell für ähnliche Projekte dient – selbst den USA.

Mit deutscher Sorgfalt und Ordnungsliebe wurde der Grundstein zu einem Informationssystem gelegt, das die Macht des bürokratisch-demokratischen Staates gegenüber dem Bürger gleich einer antiken Despotie anwachsen läßt. Bürokratische Demokratie im Gegensatz zur Despotie kann bald nur noch den Unterschied bedeuten: unbewußt empfundene Unterjochung gegenüber Unterdrückung mit offener Gewalt. Man wird die angeblich demokratische »unbewußt empfundene Unterjochung« anders nennen: demokratisch legitimierte Planung und Lenkung mit modernsten Mitteln der Informationstechnologien.

Dort, wo der bundesrepublikanische Staat die größte Gefährdung seiner Existenz sah, im Terrorismus, baute er als erstes ein »in der Welt beispielloses nachrichtendienstliches Informationssystem« (so der damalige Innenminister Prof. Werner Maihofer 1975) auf. Die drei seit 1968 aufgebauten Datensysteme NADIS (Nachrichtendienstliches Informationssystem der drei Geheimdienste), INPOL (Informationssystem der Polizei) und DISPOL (Digitales Sondernetz der Polizei) arbeiten in einem Bereich, den der Staat, ohne kritisiert zu werden, zum Geheimsektor erklären konnte. Deshalb mangelt es an ausreichendem Wissen, wie diese Systeme funktionieren. Bekannt ist der Umfang. Allein INPOL betrieb 1980 mindestens 18 IBM- und Siemens-Großcomputer, die aus Sicherheitsgründen im Doppelbetrieb laufen. Allein für NADIS wurden 1968 als Datenlieferanten über den Bürger angegeben: Amtsgerichte, Staatsanwaltschaften, Ordnungsbehörden, Strafanstalten, Kriminalpolizei, Kfz-Bundesamt und -Zulassungsstellen; Wahlbehörden mit allen Akten und Unterlagen, Bundes- und Landesarchive, Aufnahmelager, Bibliotheken (für Dissertationsverzeichnisse und zur Kontrolle über die Ausleiher von Büchern), Paßämter, Ausländerämter, Berufsgenossenschaften und Gewerbeämter, Kranken- und Innungskassen, Sozialversicherungsträger, schließlich Arbeitgeberverbände, Gewerkschaften, Industrie- und Handelskammern, Berufsverbände, Sportvereine und endlich: von Nachbarn, Vermietern, Freunden und Bekannten eingeholte Daten.

Noch werden diese Daten weitgehend zur Suche nach Terroristen und anderen Kriminellen benutzt. Ob sie auch für andere Zwecke eingesetzt werden, wissen wir nicht. Solange die Bürokratie die Sicherheit des Staates anführt, wenn sie sich Computerwissen zulegt, fühlt der normale Bürger sich nicht betroffen. Wenn er eines Tages aufwacht, mag es zu spät sein. Denn der nächste Schritt sieht die Einrichtung der Informationszentrale für den Steuerfahndungsdienst vor. Da seit Anfang der siebziger Jahre auch ein Sozialdatenbanksystem aufgebaut wird, überblickt die Verwaltung bald 90 Prozent der Bevölkerung: »Im Interesse ihres Wohlergehens und der staatlichen Planung« werden persönliche, wirtschaftliche, gesundheitliche und soziale Daten festgehalten.

Wir können uns vorstellen, daß staatliche Steuercomputer mit den Rechnern der Banken kurzgeschlossen werden. Dann brauchen wir keine Steuererklärung mehr abzugeben: sogar der Finanzbeamte Meier wird überflüssig: der mit allen persönlichen Daten versehene Computer verzeichnet, was wir eingenommen, wofür wir es ausgegeben haben, und – da er unsere persönlichen Verhältnisse kennt – rechnet allein aus, was wir absetzen können. Auf unserem Fernseher-Datenschreiber erscheint nach dem Krimi unsere Steuererklärung. Dies wäre für Computer des heutigen technischen Standards ein Kinderspiel. Rechner könnten noch weit kompliziertere Aufgaben übernehmen, eine Weiterentwicklung scheint kaum notwendig. Der Bürokrat, auf totale Verwaltung fixiert, muß erst lernen, die Apparate zu bedienen, und neue Anwendungsbereiche suchen.

Stellen wir uns einmal die Daten vor, die über einen Bürger gesammelt werden können: Namen, Geburtsdaten, persönliche Eigenschaften, Ausbildung, Beruf, Familie, Freunde; politische Tätigkeiten: Teilnahme an Parteiversammlungen, welche Zeitung abonniert, welche Bücher in der Bibliothek ausgeliehen, teilgenommen an Demonstration gegen die Gesamtschule, beteiligt an Unterschriftenliste gegen die Behördenwillkür, Personalrat angerufen ... Die Liste läßt sich endlos weiterführen. Die Daten lassen sich schließlich durch Zusammenschalten von verschiedenen Computern leicht erfragen. Das allgemeine Verhalten kann ständig überprüft werden durch Fragebogen, die auszufüllen sind. Der technische Aufwand ist gering, denn schon heute haben die brillanten Fachleute der Polizeicomputer erreicht, daß die untereinander verbundenen Rechner eine in den Speicher eingegebene Korrektur automatisch auch in den übrigen Dateien verbessern. Durch Umfragen kann die Verwaltung etwa Milchverbrauch und -verteilung jedes Stadtteils planen. Sie kann aber auch das Verhalten der Bürger verändern, wenn sie durch Einzelbefragung zu bestimmten Themen die Meinung der Masse herauskristallisiert, entsprechend beeinflußt und lenkt. Plötzlich hat der Bürger einer Maßnahme zugestimmt, die ihn behindert, gegen die er sich nicht wehren kann, weil er ihre Einführung eigentlich als notwendig akzeptiert. Aber nur eigentlich! Er weiß ja nicht, daß er von der mit einem ungeheuren Informationsvorsprung versehenen Bürokratie heimlich gelenkt wurde. Vergessen sind die Zeiten, in denen eine Akte auch mal vergilbte und verstaubte.

Die Möglichkeiten, über die unsere Verwaltung heute schon verfügt, mit technischen Mitteln »Erkenntnisquellen« zu erschließen, übertreffen unser Vorstellungsvermögen. Das Sicherheitssystem wurde so perfekt ausgetüftelt, daß etwa das Verkehrsleitsystem in Hannover es gestattet, von der Polizeizentrale aus die Objektive der über die ganze Stadt verteilten elektronischen Kameras so zu bedienen, daß eine einzelne, im Verkehrsstrom laufende Person herausgefiltert werden kann. Das Bild wird von der Mattscheibe im Polizeipräsidium abkopiert und per Leitung sofort an alle Dienststellen in der BRD weitergeleitet. Mehrere deutsche Großstädte überwachen mit solchen Kameras alle wichtigen Straßen und Plätze.

Wie viele Personen schon mit wie vielen Daten in den Computern gespeichert sind, bleibt – natürlich – geheim. 1980 gingen ernstzunehmende Schätzungen bis zu zehn Millionen. Doch man befand sich ja erst am Anfang. Der Versuch, mit einem Bundesmeldegesetz »zu gewährleisten, daß jeder Einwohner und jede andere Person ... erfaßt werden und daß den Trägern öffentlicher Aufgaben die für ihre Tätigkeit erforderlichen Einwohnermeldedaten zur Verfügung stehen« (unveröffentlichter Gesetzesentwurf von Innenminister Maihofer und Bundeskriminalamtschef Horst Herold 1969) scheiterte vorerst. Geplant war, über jeden Bürger etwa zweihundert Daten zu speichern. Öffentliche Proteste, aber noch mehr das Veto des Nachfolgers von Maihofer, Gerhart Baum, liberalster Innenminister, den die Bundesrepublik bisher kannte, verhinderten vorerst die gesetzliche Verabschiedung dieser Idee.

Ein weiterer, undemokratischer Zug der Computerdespotie liegt in der von ihr betriebenen Geheimhaltung. Bürger erhalten weder das Recht, Eintragungen zu ihrer Person nachzulesen, noch sie zu verbessern, sobald Fehler auftauchen. So kann eine falsche Eintragung, ausgelöst etwa durch die Schlamperei eines Amtmannes, das weitere Leben eines Bürgers wesentlich belasten. Das Amt eines Datenschutzbeauftragten wirkt der Größe der Bedrohung gegenüber noch nicht einmal als Trostpflaster. Dem Datenschutzbeauftragten und seinen Mitarbeitern wird eine Kontrolle des gesamten Informationssystems aus mehreren Gründen nie gelingen. Allein ein mittleres Datensystem zu durchforsten dauert für einen erfahrenen Programmierer mehrere Monate. Da jedoch der Schutzbeauftragte nur das kontrollieren kann, was ihm offiziell zugänglich gemacht wird, kann der Staat mit seiner Tendenz zu Geheimbereichen ganze Informationsbanken zurückhalten. Die Verwaltung dehnte von Anfang an den Geheimbegriff besonders weit aus, da sie zahlreiche Maßnahmen beim Aufbau der Informationssysteme ohne rechtliche Grundlage veranlaßte, ja – Wissenschaftler der Rechtsinformatik beklagen, der Bürokratie läge soviel an der totalen Datenerfassung des Bürgers, daß sie vor zahlreichen Gesetzesverstößen nicht zurückgeschreckt habe.

Die Ausstattung mit Computern als Machtmittel nur einzelner Behörden kann die Gewichte innerhalb des Verwaltungsapparates zum weiteren Nachteil des Bürgers verschieben. Bisher verfügen nur die sogenannten Sicherheitsorgane über ein ausgereiftes Informationssystem. Daher verwundert nicht die Forderung des BKA-Präsidenten Horst Herold nach gesellschaftlichem Einfluß der Polizei: »Die Polizei muß sich vom gewaltunterworfenen Objekt bloßer Vollstreckung zum Subjekt gesellschaftlicher Veränderungen, zu einem Beratungs- und Konsultationsorgan für Politik und Gesetzgebung wandeln ... Das Recht der Polizei, die öffentliche Ordnung und Sicherheit zu erhalten, schließt die Befugnis ein, sie mit zu gestalten«[22] Unter »gesellschaftlicher Veränderung« versteht Herold Tätigwerden der Polizei, schon bevor eine Straftat begangen wird. Das aber bedeutet, den unbescholtenen Bürger dem Zugriff der Polizei aussetzen. Das Ziel ist gut gemeint: eine weitgehend entkriminalisierte Gesellschaft. Das Ergebnis aber bleibt verheerend. BKA-Chef Herold offenbart sich mit diesen Gedanken als Prototyp des modernen Bürokraten. Wer ihn kennt, weiß, daß Horst Herold als Sozialdemokrat fortschrittlich denkt und Pate stand für progressive Anträge des einst linken SPD-Unterbezirks Hessen Süd. Im Amt aber läßt ihn das vielen deutschen Beamten innewohnende Pflichtgefühl nach einer Perfektion streben, die zum Einsatz aller technischen Mittel führt – und zur bürokratischen Despotie.

Verhinderte Kontrolle

Orientiert an den Gedanken des Charles de Montesquieu sieht auch die Verfassung der Bundesrepublik eine Trennung der Gewalten vor, neben der Exekutive die Legislative – und die von Weisungen unabhängige Recht-Sprechung. Die Aufteilung der Gewalten soll verhindern, daß die Exekutive ihre vom Volk erhaltene Macht mißbraucht. Die Kontrolle durch das Parlament, der Schutz richterlicher Gewalt wären in der Lage, den Bürger vor der drohenden bürokratischen Despotie zu schützen.

In den ersten Jahren der Republik zeigte sich der Bundestag als die Stätte, an der politische Kämpfe zwischen

Regierung und Opposition mit brillanten Reden ausgefochten wurden, doch je weniger grundsätzliche Unterschiede zwischen den Parteien auftraten, desto mehr entwickelte sich die Volksvertretung zu einer weiteren Bürokratie. Ihre letzte große Rolle spielten die Abgeordneten bei der Debatte über die Ostverträge 1972. Damals kam es sogar zu Fraktionswechseln aus politisch-inhaltlichen Gründen: einige Mitglieder des Hohen Hauses wollten die Friedenspolitik des Bundeskanzlers Brandt nicht mittragen. Fast hätte das von Rainer Barzel als Oppositionsführer eingebrachte Mißtrauensvotum den Regierungswechsel herbeigeführt, wenn nicht noch Abgeordnete der Opposition für die Regierung gestimmt hätten. Andere Abgeordnete aber verhielten sich so, wie wir es heute gewohnt sind: rollenkonform. Obwohl einige Dutzend CDU-Abgeordnete dem Gedanken der Ostverträge beipflichteten, stimmten sie gegen ihre Überzeugung. Wichtiger schien es ihnen, die Macht zu erlangen.

Anders verhalten sich die Volksvertreter in Washington, wo Zustimmung und Ablehnung eines vom Präsidenten eingebrachten Gesetzesentwurfs (man denke nur an Carters Energievorlagen oder SALT II) quer durch die Parteien geht. Jeder Senator oder Abgeordnete entscheidet nach den Gründen, die er seinen Wählern oder seiner Industrielobby gegenüber für politisch vertretbar hält.

Der deutsche Bundestag hat sich nicht nur durch die Verbeamtung seiner Volksvertreter der Regierung und ihrer Verwaltung angeglichen und eine eigene Bürokratie entfaltet. Die Verbindungen zwischen Regierung, Bürokratie und Parlament werden durch die Parteien so betrieben, daß auf möglichst allen Ebenen Einklang herrscht. Theoretisch verfügen die Abgeordneten im Bundestag über fünf Kontrollinstanzen gegenüber der Regierung. Sie stimmen über den Bundeshaushalt ab, in dem über Ausgaben (Subventionen, Sozialgelder, Steuerpräferenzen) Politik gemacht wird. Ferner gibt es den Petitionsausschuß, die Fragestunde, die Aktuelle Stunde für größere Debatten, schließlich Untersuchungsausschüsse mit richterlicher Gewalt, die den Abgeordneten zur Überwachung der ausführenden Organe und ihres Personals dienen sollen. Doch keine dieser Möglichkeiten nutzen die Abgeordneten wirklich.

Denn die einen werden in eine Rolle gezwängt, die von den Regierungsfraktionen verlangt, den Kanzler zu schützen, die anderen aber verfügen in der Opposition über zu wenig Macht, erhalten zu wenig wichtige Informationen, um wirkliche Kontrolle ausüben zu können. Sie werden von der Bürokratie kaltgestellt.

Eigene Willensbildung durch Abgeordnete kommt nur noch selten vor. Die großen Entscheidungen fallen außerhalb des Hohen Hauses, werden aus Spitzenkreisen von Parteien oder Regierung eingebracht und von der Mehrheit des Parlaments nachvollzogen. Sollten wider Erwarten Abgeordnete der Regierungsparteien gegen die Führung stimmen, so spricht man eher von Bestechung und Betrug als von freier Gewissensentscheidung. Einige linke SPD-Abgeordnete, die der Regierung bei einigen Gesetzen die Stimme verweigern wollten, wurden unter größten Druck gesetzt, denn die Parteiführung behauptete, mit einer Abstimmungsniederlage stürze die Regierung. Die Drohung war zwar stets aus der Luft gegriffen (wie viele Abstimmungsniederlagen erleiden italienische, französische Regierungen, wie häufig wird der US-Präsident von seiner Mehrheit in Haus und Senat ohne weitere Folgen niedergestimmt), denn nur durch Rücktritt oder Mißtrauensvotum kann eine Regierung in Bonn zur Aufgabe zwingen. Doch allein die *Drohung,* die Macht könne wechseln, genügt zur Disziplinierung. Im täglichen Routineauflauf geht es angeblich nicht anders. In Fragestunden lassen sich Regierungsmitglieder immer häufiger von Staatssekretären bei der oft dürftigen Beantwortung persönlicher Anfragen vor leeren Stühlen vertreten. Und die Abgeordneten selbst sind nicht einmal frei, alles so zu kontrollieren, wie sie wollen. Da von den Regierungsparteien kritische Fragen an die Regierung nicht gewünscht werden, müssen nach den Fraktionsgeschäftsordnungen die Abgeordneten ihre Fragen der Führung vorlegen. Schon häufig kam ein Veto aus der Fraktionsspitze. Selbst Wortmeldungen während einer Debatte erfolgen in der Regel in Abstimmung mit oben.

Die Fraktionsführung sorgt für die Besetzung der Leitungspositionen in den Arbeitskreisen, die einzelne politische Bereiche abhandeln. So werden in den Arbeitskreisen der Regierungsfraktionen von der Staatsbürokratie eingespeiste Absichten nur noch wie beim Notar bewilligt. Die Arbeit wird grundsätzlich von oben vorgelegt und verteilt. Initiativen, die aus der Mitte der Abgeordneten kommen, werden als ungewöhnlich zurückgewiesen oder mit allerlei technischen, formellen aber auch inhaltlichen Einwänden blockiert. Daß die Rolle des Abgeordneten nur noch der eines höheren Beamten entspricht (und viele sich so verhalten), beklagt SPD-MdB Dr. Rudolf Schöfberger: »Man hat als einzelner Abgeordneter große Mühe, um Initiativen über die Hürden zu bringen. Es kann passieren, daß man nach dreimonatigem Einsatz eine schlichte Mitteilung bekommt, der Fraktionsvorstand habe die Initiative abgelehnt. Es kann aber auch passieren, daß man eine Mitteilung eines Fraktionsangestellten bekommt, in der es heißt: ›Ich bin der Meinung, daß dieses Thema erst später aufgegriffen werden sollte; der geeignete Zeitpunkt hierfür könne im Zusammenhang mit dem in drei Jahren anstehenden Erfahrungsbericht der Bundesregierung stehen.‹ Und das beweist: Wer über die Herrschaftsstrukturen verfügt, kann über Angestellte dem einzelnen Abgeordneten mitteilen lassen, daß nichts läuft, daß er sich umsonst Mühe gemacht hat.«[23]

Dem Abgeordneten stehen zwar alle Rechte, eigenständig zu handeln, zu, doch ohne Fraktion ist er machtlos, in der Fraktion aber wird er von der Mehrheit diszipliniert. In der SPD-Fraktion übt besonders die konservative Gruppe der »Kanalarbeiter« eine Macht aus, die so weit geht, daß ein Abgeordneter ungefragt weder durch persönlichen Einsatz noch durch brillante Reden auffallen darf. Die Mittelmäßigen, meistens aus der mittleren Beamtenlaufbahn kommenden Fraktionsmitglieder, die häufig selbst nie das Wort ergreifen, bestimmen, wer im Bundestag redet, wer eine Aufgabe erhält, wer sich profilieren darf. Wer sich diesem Gruppenzwang entgegensetzt, an dem geht der »Kelch der parlamentarischen Belohnung« vorüber, er erhält nie ein Amt. Ämter aber gleichen einer Pandora-Büchse, aus der größere politische Bedeutung, ein bürokratischer Kleinst-Apparat, also Sekretärin, Assistent, zweites Bürozimmer im »Langen Eugen«, vielleicht sogar ein paar Auslandsreisen quellen. Wie wir es schon aus dem Kindergarten kennen, wird jeder, der sich durch zu häufige Kritik an der Führung zum Außenseiter stilisiert, durch psychologischen Druck mürbe gemacht. In Fraktionssitzungen mag er wieder einmal das Wort zur Kritik ansetzen, dann scharrt man mit den Füßen, murmelt und lenkt ab, etc.

Die Möglichkeiten der Opposition, Regierung und Verwaltung zu überprüfen, werden durch einen weiteren Mangel vermindert. Wesentliche Informationen werden ihr vorenthalten. Wirkliche Mißstände, Skandale deckt eher die Presse auf – es bleibt der Opposition nur nachzuvollziehen, in einem Ausschuß, eventuell Untersuchungsausschuß, nach weiteren Einzelheiten des Skandals zu suchen. Auch laufende Regierungsgeschäfte können Abgeordnete kaum überblicken. Im Ausschuß für Forschung und Technologie beschäftigen sich 17 Abgeordnete mit der Arbeit von 700 Beamten, die in vielen Bereichen hochspezialisiert sind und über ein Computerwissen verfügen, das dem Abgeordneten nicht zugänglich ist. So stehen einem Abgeordneten dieses Ausschusses etwa vierzig Spezialisten gegenüber. Hinzu kommt, daß die Beamten keinen Ehrgeiz entwickeln, das Parlament von sich aus voll zu informieren. Sie empfinden es als eine Art feindlichen Bruder, dem man nur dann Auskunft erteilt, wenn es unumgänglich ist. Die Beamten fühlen sich eher ihrer Sachgerechtigkeit verpflichtet – für die sie keine politischen Leitlinien anerkennen. Paradoxerweise können sich gerade Abgeordnete der Opposition eine zu gewissenhafte Kontrolle der Bürokratie nicht erlauben. Vom offiziellen Informationsfluß der Regierung abgeschnitten, müssen sie inoffizielle Nachrichtenkanäle betreiben, über die ihnen gewogene Beamte aus den Ministerien berichten. Wer solche Beziehungen aufrechterhalten will, muß darauf verzichten, das betreffende Haus zu streng unter die Lupe zu nehmen.

In Untersuchungsausschüssen können – theoretisch – Korruption, Bestechung, Machtmißbrauch nach den Regeln der Strafprozeßordnung durchleuchtet werden. Tatsächlich aber ist bei den etwa zwanzig Untersuchungsausschüssen, die der Bundestag eingesetzt hat, wenig ans Licht gebracht worden. Die Wahrheitsfindung leidet oft unter Parteipolitischer Rücksichtnahme – so auch, als Praktiken des Bundesnachrichtendienstes im Guillaume-Ausschuß durchleuchtet wurden. Der damalige Oppositionsführer Professor Karl Carstens mußte sich anschließend vorwerfen lassen, es vor den untersuchenden Abgeordneten nicht mit der Wahrheit gehalten zu haben.

Stellt ein Untersuchungsausschuß einen Mißbrauch der Macht fest, so folgen trotzdem keine Konsequenzen. Im Rahmen der Arbeit des Guillaume-Ausschusses ergab sich: Der Bundesnachrichtendienst unter Führung von General Reinhard Gehlen führte über fünfzig Bonner Politiker Sonderakten. Die Beschaffung dieses Materials lag außerhalb des Auftrags des BND und war somit illegal. Als Gehlens Nachfolger General Wessel die Vernichtung der Akten anordnete, stellten Untergebene Kopien her und lagerten sie aus. Sie handelten nochmals illegal. Sogar Parteien waren bespitzelt worden, und mit hohen monatlichen Zahlungen angeheuerte Journalisten meldeten dem Geheimdienst, was sie in ihren Blättern nicht schreiben konnten, Bettszenen, politische Geheimtreffs etc. gehörten dazu.

Im Umfeld der Untersuchungen kam sogar ans Licht, daß der Bundesnachrichtendienst Gelder in Millionenhöhe von französischen Waffenproduzenten und Bundeswehrlieferanten nach Bonn schaffte: keine Konsequenzen! Kein Beamter, kein öffentlicher Angestellter, kein Politiker wurde zur Verantwortung gezogen. Niemand wurde entlassen, geschweige denn wegen der Gesetzesverstöße vor ein Gericht gestellt. Der Grund: Sowohl Regierungs- wie Oppositionsparteien waren in die Mißstände verstrickt. Da schützt jeder seine Beamten – und verzichtet auf Kontrolle und Sanktion.

Aufgehobene Gewaltenteilung

Dem Parlament stehlen die Parteien die Rolle als Kontrollorgan und beschädigen so den demokratischen Gedanken der Gewaltenteilung. Da wäre es ein Wunder, wenn nicht auch das Ideal einer unabhängigen Justiz untergraben würde. Weisungsfrei, nur den hehren Geboten der Gesetzesbücher folgend, stellen wir uns Justitia vor. Ihre Augen sind verbunden, nicht um sie blind zu machen, sondern weil sie ohne Ansehen der zu beurteilenden Person Recht sprechen soll. Deshalb setzt Demokratie voraus, daß selbst die Mächtigen sich zurückhalten, die Pendelschläge der Waage zu beeinflussen. Doch leider halten sich unsere Parteien nicht an solch vornehme Einsichten.

Seit Jahren schon wird das Bundesverfassungsgericht in der Öffentlichkeit beschuldigt, nicht im Interesse von Bürger und Grundgesetz, sondern von Parteien zu entscheiden. Diese Entwicklung entspricht dem Streben der Parteien, ihre Macht auf allen Gebieten unter sich aufzuteilen. Die Einflußnahme beginnt nicht erst, wenn ein Urteil zu fällen ist, sondern bereits bei der Ernennung derer, die einmal urteilen sollen. Dem Gesetz nach werden die sechzehn Verfassungsrichter je zur Hälfte von Bundesrat und Bundestag gewählt, wobei Kandidat nur derjenige sein kann, der auf einer vom Bundesjustizminister eingereichten Liste steht, von einer Bundestagsfraktion oder einer Landesregierung vorgeschlagen wird.

Zu Anfangszeiten der Bundesrepublik wurde unabhängig von den Parteilisten eine »neutrale« Liste mit qualifizierten Richterpersönlichkeiten in das Verfahren einbezogen, doch inzwischen haben die Parteien die Sitze untereinander aufgeteilt. Denn das Gericht ist politisch wichtig, und keine Partei möchte erleben, daß eine einseitige politische Zusammensetzung des Gerichts ihre politische Arbeit konterkariert. So schlagen die Parteien als Kandidaten weniger Berufsrichter als loyale Parteipolitiker vor. 1971 wechselte der ehemalige CDU-Bundesinnenminister Ernst Benda vom Bundestag zum Verfassungsgericht. Als Präsident des Verfassungsgerichts sitzt er der Ersten Kammer vor, die »schwarzer Senat« genannt wird, weil fünf Richter der CDU zugeschrieben werden und nur drei der SPD. In politischen Entscheidungen fallen häufig die Entscheidungen gegen die »SPD«-Richter. Die Zweite Kammer nennt der Volksmund den »roten Senat«. So haben sich diese Gerichte von unabhängigen und selbständigen Behörden in die Nähe von Hilfsorganen der Staatsbürokratie degradiert, die nicht »Im Namen des Volkes«, sondern in dem der jeweils nahestehenden Partei Recht sprechen.

Weniger im Interesse einzelner Parteien urteilen jene Gerichte, denen Entscheidungsgewalt in Fragen des Verwaltungs-, Bürger- oder Strafrechts zuerkannt wird. Doch auch ihre Überlegungen sind weitgehend von dem zur despotischen Bürokratie führende deutsche Gedankengut von Ordnung und Effizienz geprägt. Nur wenige junge Richter bilden hiervon eine Ausnahme. Dieses Denken führt dazu, Behörden, der Staatsbürokratie einen besonderen Vorteil bei gerichtlichen Auseinandersetzungen einzuräumen. Als der Düsseldorfer Grafiker Bernd S. 1980 eine »Deutsche Centrale gegen Beamtenwillkür« gründete und ins Vereinsregister eintragen wollte, verweigerte ihm dies das Amtsgericht. Der Name des Vereins sei zu anspruchsvoll. Zwar konnte Bernd S. in zweiundsechzig deutschen Städten Mitglieder seiner »Deutschen Centrale gegen Beamtenwillkür« aufweisen, doch das Gericht entschied, um sich »Deutsche Centrale« nennen zu dürfen, müsse der Verein im ganzen Bundesgebiet tätig sein und das Aufgabengebiet der Größe Deutschlands entsprechen. Das Gericht sprach im Namen der Staatsbürokratie.

Als Ministerpräsident Ernst Albrecht in seinem Buch »Der Staat – Idee und Wirklichkeit« die Ansicht vertrat, es könne unter Umständen »sittlich geboten« sein, wenn der Staat Informationen durch Folter erpresse, dies sogar in einem Fernsehgespräch wiederholte, beklagten zwar Schriftsteller, Publizisten und Philosophen wie Heinrich

Böll, Ulrich Sonnemann und Erich Fried diese Form der »Aufforderung zum Terror«, das Genehmigen der Folter sei eine »Aufforderung an die Polizeigewalt, Terror zu üben, also ihren Amtseid zu brechen. Darauf antwortet in gesitteten Staatswesen keine Fortsetzung der politischen Laufbahn des Aufforderers, sondern die Strafjustiz«. Die Justiz aber ließ nichts von sich hören. Statt dessen verurteilte ein Gericht vier Berliner Drucker des Agit-Druck-Kollektivs zu neun und zwölf Monaten Gefängnis ohne Bewährung wegen verfassungsfeindlicher Befürwortung von Gewalt. Sie hatten das wöchentlich erscheinende Blatt »Info-Bug«, eine Leserzeitschrift der undogmatischen Linken, gedruckt. In dem mehrere Jahre lang erschienenen Heft wurde unter anderem sehr kontrovers über Aktionen von Terroristengruppen diskutiert und diese überwiegend abgelehnt. Dabei kamen auch jene Gruppen mit den gleichen Erklärungen zu Hungerstreik usw. zu Wort, wie sie auch in SPIEGEL, FAZ und Welt abgedruckt wurden. Begründet wurde das Urteil gegen die Drucker damit, bei Info-Bug handle es sich, im Gegensatz zur allgemeinen Presse, nicht um Berichterstattung, sondern um Diskussion. Selbstverständlich dürfe in strafbarer Weise – was immer das bedeutet! So bestätigt die Justiz ihr zweierlei Maß. Was Träger der Staatsautorität zugestanden wird, dürfen Bürger noch längst nicht.

Ja – die Gerichte gehen so weit, Kritik an der Justizverwaltung strafrechtlich zu verfolgen. Zu achthundert Mark Geldstrafe verurteilte das Amtsgericht Berlin-Moabit den Journalisten Martin Buchholz, weil er veröffentlicht hatte, daß in der Küche des Gefängnisses Tegel ständig Mäuse das Brot anknabberten, das Pulver für Kartoffelklöße mit Mäusekot und halb verwesten Mäusekadavern durchsetzt war, und dennoch verwendet wurde. Die Staatsanwaltschaft entgegnete: Im Pulver befand sich nur *eine* tote

Maus. Der Vorwurf, in den Essenskübeln würden Schaben mitgekocht, wurde als üble Nachrede bezeichnet, denn Schabenpanzer wurden zwar manchmal nach dem Kochen aus den Kesseln entfernt, aber ein *Mit-Verkochen* sei schon rein biologisch nicht möglich, da die Schaben einen Chitinpanzer besitzen, den man nicht zerkochen kann. Die Krönung dieser Posse war die Antwort der Staatsanwaltschaft auf die Behauptung, die Anstalt Tegel habe für Lungenhaschee 300 Kilo Rinderlunge gekauft, darunter Lungen mit faustgroßen Tbc-Beulen, aus denen der Eiter nur so herausgespritzt sei. Der Staatsanwalt: Nach dem Ausschneiden der Eiterbeulen waren die Lungen genießbar. Außerdem trugen sie den Stempel: Tbc-frei.

Die Beispiele der Parteinahme für die Staatsgewalt lassen sich beliebig fortführen: ein Jahr Gefängnis für die berühmte Kanzler-Ohrfeige – keine Bestrafung des Beamten, der 1967 den Studenten Benno Ohnesorg erschossen hat.

Richter bindet das Gesetz. Daran glaubt der Bürger, und verwundert erlebt er, daß er dort kein Recht erhält, wo er sich im Recht zu befinden glaubt. Das Gesetz bindet zwar den Richter, doch der Richter muß das Gesetz erst einmal auslegen. Er muß Tatsachen werten, Rechtswidrigkeit und Strafbarkeit feststellen. Im Ermessen des Richters liegen Freispruch und Urteil. Der Spruch eines Rechtslehrers in Bonn klingt lästerlich, ist aber doch wahr: ob man den Angeklagten zum Tode verurteilt oder freispricht, kommt nur auf die Begründung des Urteils an. Das Denken des Richters bestimmt sein Urteil. Es fehlt in der Bundesrepublik nicht an justizkritischer Literatur; im Auftrag von Justizminister Gustav Heinemann untersuchte der Strafprozeßler Karl Peters »Fehlerquellen im Strafprozeßrecht«, wobei ihm über tausend Wiederaufnahmeverfahren von verschiedenen Oberlandesgerichten zur Auswertung zugesandt wurden. Zwar hatte er gebeten, *alle* Fälle seinem Universitätsinstitut zu überlassen, doch einige Oberlandesgerichte unterschlugen dem Wissenschaftler die peinlichsten (»Wir haben demnach nur rund ein Fünftel der bayerischen Verfahren bearbeiten können«), und das, obwohl die Untersuchung »im Dienst der Justiz« stehen sollte. Professor Peters Arbeit führt zu dem Schluß, daß sogar Unschuldige verurteilt wurden, weil Richter aus prüdem Ordnungsdenken jede Menschlichkeit vermissen ließen.

Ein kaum faßbares Beispiel gedankenloser, auf Recht und Ordnung basierender Justiz schildert Rechtsanwältin Inge Hornischer in Kursbuch 56. Die fünfzehnjährige Hanna K. brannte mit ihrem elf Jahre älteren Freund durch und wurde einige Zeit später von der Polizei aufgegriffen. Inzwischen hatte sie, wie Hanna K. zugab, einige Döschen Würste und zwei Haarbürsten in verschiedenen Geschäften geklaut. Befragt nach den paar Mark in ihrem Besitz sagte die Fünfzehnjährige aus: »Hier in D. habe ich zwei Türken angesprochen. Ich wollte zunächst meine Uhr verkaufen. Dies wollten sie aber nicht, sondern haben mich gefragt, ob ich nicht mit in ihre Wohnung gehen wollte. Das habe ich dann getan. Dann haben sie mich gefragt, ob ich mit ihnen schlafen wollte, was ich bejaht habe. Sie haben mir dann je 15 Mark gegeben für den Geschlechtsverkehr. Ich fragte dann, ob ich zur Toilette gehen könnte. Der Türke zeigte es mir, und ich rannte dann aus dem Haus mit dem Geld, ohne den Geschlechtsverkehr ausgeführt zu haben. Dies habe ich gestern mit zwei Türken gemacht.«

Hanna K. war nach kriminalpolizeilich verordneter gynäkologischer Untersuchung nicht defloriert, die Aussage über den nicht stattgefundenen Geschlechtsverkehr demnach richtig. Wie urteilte nun der Jugendrichter? Weil die bisher noch nie »jugendrichterlich in Erscheinung getretene« Fünfzehnjährige von zwei Erwachsenen je fünfzehn Mark ergaunert hatte, indem sie vortäuschte, mit ihnen schlafen zu wollen, wurde sie »des Betruges in zwei Fällen für schuldig« befunden und zu zwei Freizeitarresten verurteilt. Die Verhandlung und zwei Wochenenden in der Zelle haben die jugendliche Hanna gelehrt, was Recht und Ordnung ist und wie »die Gesellschaft Verstöße gegen ihre, die gesetzliche, Ordnung nicht hinnimmt, sondern reagiert« (Kommentar zum Jugendgerichtsgesetz). In Zukunft hat das Mädchen, wenn sie ohne Arbeit oder von zu Hause weggelaufen war, nicht mehr gestohlen oder nur so getan, als wolle sie mit einem Mann schlafen, sie hat die Gegenleistung wirklich erbracht. So bringt ein Richter ein junges Mädchen auf den Strich, nur weil es Recht und Ordnung so verlangen.

Solche Urteile entmutigen den Bürger und lassen ihn an einer unabhängig urteilenden Justiz zweifeln. Jeden Glauben in die Gerechtigkeit verlieren besonders die berühmten »kleinen Leute«, die besonders der Hilfe des Staates bedürfen, wenn sie einmal in die Mühlen des Amtsschimmels geraten. Jeder in Untersuchungshaft einsitzende Bürger gilt als unschuldig. Dennoch müssen viele weit über Gebühr in Haft bleiben. Neben übermäßiger Gemächlichkeit mancher Justizdiener trägt Schuld daran auch die Mentalität vieler Richter und Staatsanwälte. Sie wollen anscheinend ihr Amt nutzen, um das Volk zu Disziplin und Gehorsam zu erziehen. Anders kann der Fall nicht erklärt werden, der in München neunzehn Monate lang zwei Instanzen der Münchner Justiz beschäftigte: eine siebzigjährige Rentnerin hatte angeblich eine Teebeutelpackung im Wert von 99 Pfennig gestohlen. Sie gab vor, die Packung sei versehentlich in ihre Tasche gefallen. Das erste Verfahren wurde wegen Geringfügigkeit gegen eine

Geldbuße von 40 Mark eingestellt. Da die Rentnerin aber vergaß, dem Staatsanwalt die Quittung über das bei der Justizkasse eingezahlte Geld zu schicken, wollte der Ankläger einen Strafbefehl über 200 DM erlassen. Der Amtsrichter widersetzte sich, der Staatsanwalt legte Beschwerde ein, zum Termin der Beschwerdekammer wurde die alte Frau von Polizeibeamten vorgeführt. Schließlich stellte das Landgericht das Verfahren wegen dauernder Verhandlungsunfähigkeit der erkrankten Rentnerin ein.

Richter, die sich für den Menschen, nicht für die Staatsbürokratie einsetzen, sind seltene Exemplare in der Bundesrepublik. Der Mehrzahl fiel es nicht schwer, zuerst in der Weimarer Republik zu urteilen, dann die Wahnsinnsgesetze des Dritten Reichs bis hin zu den Rassenparagraphen anzuwenden, schließlich in der Bundesrepublik Recht zu sprechen, als sei nichts gewesen. Das Verhalten des ehemaligen Marinerichters Filbinger spricht für viele: Recht war auch im Dritten Reich Recht – und selbst nach dem Zusammenbruch war es das einzige verbliebene Recht –, also galt es dies anzuwenden, auch wenn es das Leben eines Menschen kostete. Filbinger: »Was damals Recht war, kann heute nicht Unrecht sein.«

Eigenes Denken, die Kenntnis der Menschenrechte und ihrer Anwendung, das alles fördert Unordnung, und Unordnung schadet dem Staat. Aus diesem Denken heraus urteilt die deutsche Justiz mild gegenüber Rechtsextremen. Denn, so der Vorsitzende des Bayerischen Richtervereins, Dr. Winckhler, wenn der Richter dem politischen Überzeugungstäter nahesteht, wird er die politische Überzeugung hervorheben, um sie strafmildernd zu berücksichtigen. Aber, so Winckhler, »stehe ich dem Täter gesinnungsmäßig nicht nahe, sondern bin eher im Gegenteil sein Gegner, dann werde ich sagen, das ist ein Krimineller, und werde die kriminellen Aspekte vorwiegend berücksichtigen.«[24]

Ein Urteil, wie es der District Court von Washington DC im Januar 1975 fällte, läßt sich in der Bundesrepublik nicht vorstellen. Das Gericht sprach zwölftausend Teilnehmern an einer Vietnamdemonstration zwölf Millionen Dollar Schadenersatz zu (zahlbar aus der Staatskasse), weil sie von Polizisten mißhandelt und daran gehindert worden waren, einen zur Versammlung geladenen Abgeordneten zu hören. Nur jenes Volk kann sich gegen die bürokratische Despotie wehren, dessen Justiz von solch einem Rechtsverständnis geprägt ist.

Vom Abschalten des Bürgers

In den alten Demokratien haben die Bürger die »demokratischen Freiheiten« erkämpft und sich so ein individuelles Recht gegenüber dem Staat erstritten, das sie heute auch noch wahrnehmen, wenn die Behörden zu stark in die privaten Bereiche eingreifen. Die USA mögen uns als Vergleich dienen, besonders aber Frankreich, ein Land mit einer sehr viel autoritäreren Staatsstruktur als die Bundesrepublik, aber mit einer selbstbewußten Bevölkerung, wenn es gilt, sich gegen den starken Staat aufzulehnen. Das politische Geschehen wird nicht einfach hingenommen – man wehrt sich manchmal sogar vehement. Dagegen hat sich die Beteiligung der deutschen Bevölkerung an der jungen Demokratie noch längst nicht durchgesetzt. Die Hälfte der Bevölkerung (besonders die über Fünfzigjährigen) meint sogar: »Es ist nicht gut, wenn alle mitreden wollen. Nur wenn einige befehlen, können wir unseren Staat in Ordnung halten.«[25] Der alte Untertanengeist wacht noch. Heute ordnet man sich dem Sachverständigen, dem Technokraten unter. Diejenigen, die gelernt haben, am politischen Geschehen teilzunehmen, wirkten besonders in den zehn Jahren zwischen 1965 und 1975 am politischen Bewußtwerdungsprozeß der bundesrepublikanischen Demokratie mit, unterstützt von großen Teilen der SPD, der sich wandelnden FDP und auch fortschrittlichen Kreisen innerhalb der CDU, etwa den Sozialausschüssen. Gewerkschaften, Teile der Kirchen und andere gesellschaftliche Gruppen unterstützten aktiv das Bestreben eines großen Teils der Bevölkerung nach Beteiligung an politischen Entscheidungen auf allen Ebenen.

Mitte der siebziger Jahre aber wendete sich das Blatt. Mit dem Erstarken des bürokratischen Staates, mit dem Rückzug auf den rein erhaltenden, die Wirtschaftskrise so gut wie möglich bewältigenden Apparat verschlossen sich selbst die ursprünglich progressiven Parteien und Verbände der gewachsenen Mitwirkung. Radikalenerlaß und Terrorbekämpfung taten ihr übriges. Drei Viertel der Bevölkerung erklärten Ende der siebziger Jahre, sie fühlten sich gegenüber der Regierung machtlos. Wer sich machtlos glaubt, wer wenig Möglichkeit der Mitwirkung an der politischen Willensbildung sieht, zieht sich zurück – oder sucht einen Ausweg zu Splittergruppen, in die Alternative, ins Private.

Schon 1976 berichteten Jugendorganisationen vom problematischen Erfolg des Radikalenerlasses. Selbst der konservative Bund der Deutschen Katholischen Jugend in Bayern (BDKJ) kündete vom Austritt mehrerer Mitglieder, die sich politisch nicht mehr festlegen und betätigen wollten – aus Angst vor den Folgen. Selbst in den großen Parteiorganisationen von SPD und CDU fühlen sich so viele Mitglieder von der Parteiführung gegängelt, von einer eigenen Einflußnahme ausgeschlossen, daß sie entweder austreten oder nicht mehr an der innerparteilichen Diskussion teilnehmen. Denn die Parteien, finanziell abgesichert durch die öffentlich getragene Wahlkampfkostenerstattung, erlagen der Versuchung, statt engagierter ehrenamtlicher Parteimitglieder fast ausschließlich Berufsfunktionäre mit der politischen Basisarbeit zu beauftragen. Diese Entwicklung hin zur Bürokratie schildert SPD-Bezirksgeschäftsführer Walsken: »Erstens, man beschließt, daß eine Sache gut ist. Zweitens, einige ehrenamtliche Vorstandsmitglieder bemühen sich redlich, die Beschlüsse auszuführen. Drittens, nach einiger Zeit wechseln die Vorstandsmitglieder, die Vorstände übertragen die Weiterführung in der Praxis auf die Geschäftsführer. Viertens, die Geschäftsführer stellen fest, daß sie dazu keine Zeit mehr haben. Fünftens, es wird beschlossen, jemanden einzustellen, der sich dieser Sache zu widmen hat.«[26] Die staatliche Parteienfinanzierung (von Parteien selbst beschlossen) wird inzwischen selbst von unteren Parteifunktionären als gefährliche Entwicklung erkannt, und auch bei ihnen wächst der Widerstand, künftig sogar noch die Kommunalwahlen aus öffentlichen Mitteln unterstützen zu lassen. Denn das könnte die etablierten Parteien nur ermuntern, auch auf der untersten Ebene immer perfektionistischere Berufspolitiker einzustellen, so daß die Parteiorganisation schließlich völlig unabhängig von den Mitgliedern funktionierte. Nach dem Grundgesetz sollen die Parteien an der politischen Willensbildung des Volkes mitwirken, indem sie Wünsche, Gedanken, Bedürfnisse der einzelnen Wähler und Parteimitglieder an der Basis aufnehmen, in den Parteigremien besprechen, schleifen, verbessern und schließlich versuchen umzusetzen. Die Willensbildung von oben durch einen bürokratischen Parteiapparat widerspricht dem demokratischen Gedanken des Grundgesetzes. Es sei denn, man betrachte Orientierungshilfe von oben als Willensbildung des Volkes. Tatsächlich haben sich Parteiführungen angewöhnt, die Solidarität des Parteivolks in allen wesentlichen Fragen zu fordern. Das Wort »Solidarität« bedeutete ursprünglich das Zusammenstehen der Schwachen gegen die Starken. Wenn heute Parteiführer »Solidarität« fordern, so bedeutet dies nichts anderes als »Gehorsam«.

Die bürokratische Struktur hat sich in allen Parteien so verfestigt, daß ihre Mitglieder die Organisationen fliehen. Den Wahlkampf 1980 führten eine nicht unbeträchtliche Zahl von Abgeordneten nicht mehr mit Hilfe ihrer Orts- oder Unterbezirksfunktionäre, sondern unterstützt von »Initiativen«. Diese Initiativen wurden gegründet und geführt von *Parteimitgliedern*, die sich nicht bereit fanden, mit den *Parteifunktionären* zusammenzuarbeiten. SPD-Bundestagskandidat Hans Wallow klagt in seinem Tagebuch über den Wahlkampf 1980: »Verflucht, du kriegst Berge von Papier, sogenannte Argumentationshilfen von Bezirks-, Landes- und Parteivorstand. Auch die Bundestagsfraktion ist um dein geistiges Wohlergehen besorgt. Aber zu 80 Prozent kannst du alles in den Papierkorb werfen. Vor Ort ist das ganz anders, als sich die Köpfe in den Zentralen das vorstellen können. Die Menschen reden über das, was sie aus ihrer unmittelbaren Lebenssituation heraus empfinden.«[27]

Viele Parteimitglieder ziehen sich mit der Begründung zurück, ihr persönlicher Einsatz verpuffe. Die inhaltliche Entpolitisierung fügt das ihre hinzu. Das Parteimitglied geht davon aus, daß irgendwo oben eine Kommission einen Wahlkampfentwurf ausarbeitet, und »jemand wird letztlich sagen, was machbar ist, und eine Werbeagentur wird's schon richten«. Ähnlich den Parteien entwickelten sich die übrigen Organisationen und Verbände, auch die Gewerkschaften. In den Arbeitnehmervertretungen wurde die Resignation der Anhänger großer Parteien von der DKP genutzt, die an der Basis mit jeder Wahl neue Positionen erkämpfen konnte.

Die Mehrheit der Bürger schaltet ab. Ein Teil der Jugendlichen und Angehörige der oberen Mittelschicht mobilisieren eine »neue Opposition« in Bürgerinitiativen, Ökologengruppen, als Bürokratie- und Steuerkritiker. Besonders auf kommunaler Ebene konnten die Bürgerinitiativen Erfolge erringen, Planungen und Entscheidungen der Bürokratie ändern oder rückgängig machen. Die »Grünen« erzielten kurzfristig sogar Wahlerfolge in Bremen und Baden-Württemberg, doch gegen durchbürokratisierte Parteien kann sich heute ein lockerer Bürgerverband auf lange Sicht nicht durchsetzen. Seine Mittel sind beschränkt, und diese Form des politischen Protestes widerstrebt dem größten Teil der deutschen Bevölkerung, die unkonventionelle politische Aktivitäten ablehnt, und dazu gehören Streiks und Demonstrationen. Während die Franzosen es mit Geduld hinnehmen, daß mitten zur Hauptverkehrszeit durch Paris zehntausend Streikende marschieren und der Verkehr für eine Stunde gelähmt liegen bleibt, würde die Mehrheit der Deutschen die Straße »notfalls mit Prügeln und Schlägen« räumen lassen. Im international angestellten Vergleich stehen die über fünfzigjährigen Westdeutschen an der Spitze derer, die einen besonders harten Eingriff gegen politische Demonstrationen wünschen. Als Mittel politischer Repression billigen 75 Prozent der Bundesrepublikaner strenge Gerichtsurteile, 36 Prozent den Armee-Einsatz bei Streiks, 52 Prozent das Verbot aller Demonstrationen.[28]

Für Minderheiten zeigen die Deutschen wenig Verständnis, es fehlt an Toleranz. So erklärten 1978 noch 43 Prozent der Bevölkerung, eine bei einer Wahl unterlegene Minderheit habe kein Recht auf weitere außerparlamentarische Opposition. So wurde auch die Fünf-Prozent-Klausel, Voraussetzung für den Einzug einer Partei in ein Parlament, im Laufe der Zeit erheblich verschärft. Reichten 1949 fünf Prozent der gültigen Stimmen in einem Bundesland oder ein Direktmandat, um im Bundestag als Partei vertreten zu sein (mit dieser Regelung hätten die »Grünen« 1980 eine Chance gehabt, einige Bundestagsabgeordnete zu stellen), waren 1953 bereits fünf Stimmprozente aus dem gesamten Bundesgebiet nötig, und 1956 erhöhte man die Ersatzmöglichkeit von einem Direktmandat auf drei.

Offenbar weil die Deutschen geregelten Entscheidungen zuneigen, bevorzugen sie gesetzliche Mittel zur Unterdrückung von Opposition. Durch Verbote soll verhindert werden, daß politische Auseinandersetzungen zum Konflikt ausarten. Denn die Deutschen scheuen Konflikte, ihr politisches Verhalten wird vom Bedürfnis nach Harmonie geleitet. Der Wunsch nach Harmonie, die Konfliktscheu wird als Wert einer demokratischen Auseinandersetzung übergeordnet. Einstimmigkeit, nicht Auseinandersetzen oder Verhandeln und Suche nach einem Kompromiß bestimmen das politische Geschäft. Nicht umsonst spricht man bei uns von »*faulen* Kompromissen«.

Das Paradoxe an diesem »konfliktscheuen« Verhalten ist, daß die Deutschen härtere Konflikte als andere Völker in Szene setzen, um die ersehnte Harmonie herzustellen. Mit dem Radikalenerlaß, mit der Weigerung, Andersdenkende in den politischen Prozeß einzubeziehen, hat sich in der bundesrepublikanischen Gesellschaft der Konflikt zwischen verschiedenen politischen Ansichten so zugespitzt, daß sogar das Ausland heftig reagierte, in Nachbarstaaten wie Frankreich und den Niederlanden wurden »Komitees zum Schutz der Bürgerrechte in der BRD« gegründet, in die fremden Sprachen ging das deutsche Wort »Berufsverbot« ein. Konflikte erscheinen den Deutschen als Beweis für die Unvollkommenheit ihrer Gesellschaft – und die darf es nicht geben. In der Bonner Politik erleben wir häufig, daß die Parteien ihre Mitglieder mit dem Argument, man dürfe kein zerstrittenes Bild abgeben, zu kritiklosem Gehorsam zwingen. Gegner und Presse stellen die Zerrissenheit einer Partei in den Vordergrund, statt die Auseinandersetzung etwa zwischen einem Minister und seiner Fraktion als einen normalen Ausdruck parlamentarischer Diskussion zu betrachten. So wurden denn beim Berliner Parteitag der SPD im Dezember 1979 (der als Vorbereitung der Bundestagswahl 1980 diente) die Delegierten, die weniger der gemäßigteren Linie Helmut Schmidts, sondern eher seinem innerparteipolitischen Opponenten Erhard Eppler zuneigten, auf Einstimmigkeit getrimmt: vor der Wahl müsse die Partei einig dastehen.

85 Prozent der Bevölkerung meinen denn auch, das wichtigste für eine Partei seien Einigkeit und Geschlossenheit, und die Auseinandersetzung zwischen verschiedenen Interessengruppen und ihre Forderungen an die Regierung schadeten dem Allgemeinwohl. Diese Konfliktscheu findet sich in allen Altersgruppen wieder – genauso bei den Alten wie bei den Jugendlichen. Fast zwei Drittel der Hauptschüler meinten, die Kritik einer Opposition an der Regierung müsse ihre Grenzen haben.

Ein persönliches Beispiel für Konfliktscheu gab der ehemalige Bundespräsident Walter Scheel, als es um die Frage einer erneuten Kandidatur ging. Walter Scheel mußte befürchten, gegen den CDU-Kandidaten Karl Carstens zu unterliegen. Eingeübtes demokratisches Denken wäre davon ausgegangen, sich der Wahl zu stellen, hatten doch einige oppositionelle Wahlmänner sogar erkennen lassen, für Scheel zu stimmen. Scheel hätte wahrscheinlich trotz einiger CDU-Stimmen verloren – doch das sollte in einer

Demokratie keine Schande sein. Scheel aber meinte, es schade der Demokratie, wenn ein amtierender Bundespräsident nicht wiedergewählt würde. Dem demokratischen Konflikt wich er aus falschem Harmoniebedürfnis aus.

Im Schulstreit von Hessen wurde besonders die Konfliktpädagogik angegriffen mit der Behauptung, sie führe letztendlich zum Terrorismus. Genau das Gegenteil ist der Fall: Terroristen streben mit ihrem Ziel der Idealen Gesellschaft nach dem gleichen Harmoniebedürfnis wie die konservativen Deutschen, die Konflikte nicht als Ausdruck einer demokratischen Auseinandersetzung ansehen. Angst vor der Politik äußert sich in dem Wunsch der Deutschen nach friedlicher Einigkeit. Der Wille, diese Einigkeit auch mit Gewalt herzustellen, zeugt gleichzeitig von totalitärem Denken. Wer nicht bereit ist, sich der Harmonie anzupassen, wird aus der Gesellschaft ausgeschlossen.

Vom Selbstzwang beim Sprechen und Denken

Ein 1930 in Berlin zum erstenmal veröffentlichtes, dem breiten Publikum unbekannt gebliebenes Buch feierte 1980 seine zehnte Auflage, herausgegeben von der Gesellschaft für deutsche Sprache: »Fingerzeige für die Gesetzes- und Amtssprache«. Seit jeher hat die deutsche Bürokratie ihre eigene Sprache ausgearbeitet, deren Ziel es war, Tatsachen genau festzuhalten – aber auch die Distanz zum Bürger herzustellen. Im Behördenverkehr werden die Beteiligten selten mit Namen sondern durch ihre Funktion und ihre Stellung bezeichnet: nicht Herr Müller heißt man, sondern der Antragsteller. Die Bürokratie scheut den persönlichen Stil, weil sie befürchtet, der »sachlich gebotene Abstand« zwischen Behörde und Bürger könne abnehmen; »sachlich geboten« ist der Abstand zwischen dem Amtmann oben und dem Bürger unten. Wie Befehl und Gehorsam stehen sie sich gegenüber. Der Stil läßt vergessen, daß der Bürger ein Mitmensch ist.

Die Befehlspose der Behördensprache hat längst andere Bereiche unserer Gesellschaft angesteckt und davon überzeugt, wie einfach es ist, den Bürger zu beherrschen: Lieferungs- und Zahlungsbedingungen, Gebrauchsanweisungen, Versicherungspolicen, Angebote, Formblätter und Kauf-Informationen werden immer häufiger in »Beamtendeutsch« abgefaßt. Denn die Sprache der verwalteten Welt ist nach Ansicht der Gesellschaft für deutsche Sprache »auch die Sprache der Wirtschaft, der Verbände, der Kirchen, der Gewerkschaften, der Kreditinstitute, der Versicherungen, der Großfirmen, kurz: all derer, die sich dem einzelnen Bürger gegenüber sprachlich wie Obrigkeiten gebärden«.[29]

Die »bürokratische Despotie« nutzt jedoch nicht nur die Sprache der Obrigkeit, um Gehorsam zu erwirken, sondern sie versucht sogar die Sprache des Bürgers selbst zu verändern, um Zustände, die dem Staat abträglich sein könnten, zu verschleiern. Einzelne Worte beschreiben ganze Komplexe: Das Wort »Berufsverbot« erhielt zwar internationale »Anerkennung« wie »Blitzkrieg« und »Ostpolitik«, doch wo immer möglich, wird es vom Staat unterdrückt. In manchen Rundfunkanstalten wurden die Redakteure von ihren (parteipolitisch besetzten) Aufsichtsgremien angehalten, dieses Wort nicht mehr zu benutzen. Berufsverbot sagt aus: aufgrund politischer Überzeugung darf ein Bürger einen bestimmten Beruf nicht ausüben. Diese Tatsache widerspricht dem Grundgesetz. Statt nun die Tatsache abzuschaffen, wird der Begriff verbannt. Zwar darf ein Kommunist nicht Lokomotivführer sein, zwar wurde noch 1980 (nach der angeblichen Abschaffung des Radikalenerlasses durch die Bundesregierung) ein Jurist aus politischen Gründen nicht zum Ausbildungsdienst zugelassen (und ihm damit die Möglichkeit genommen, den freien Beruf eines Rechtsanwalts auszuüben), doch »Berufsverbot« liegt jenseits der Grenze des Aussprechbaren. Besser verschweigt man es. Politisch verbannt wurde das Kürzel BRD, nachdem die DKP es als Autoaufkleber verbreitete: es gleicht der Buchstabenkombination DDR und soll die (von Chruschtschow und Bulganin nach dem Scheitern der Genfer Gipfelkonferenz von 1954 entwickelten) Zweistaatentheorie untermauern: Danach gelten DDR und BRD als innen- und außenpolitisch gleichberechtigte Staaten. Zwar hat die Bundesrepublik den lange verteidigten Alleinvertretungsanspruch inzwischen aufgegeben, doch in der Frage der Staatsangehörigkeit haben Bonn und Ost-Berlin noch unterschiedliche Auffassung. Ost-Berlin, ausgehend von der Zweistaatentheorie, erkennt nur Bürger ihres Territoriums als Staatsangehörige an, während die Bundesrepublik zu ihren Angehörigen auch aus der DDR kommende Bürger zählt (und ihnen auf Antrag einen Paß ausstellt). Weil die BRD theoretisch alle DDR-Bürger als (potentielle) Westdeutsche ansieht, dürfen im Ausland lebende BRD-Bürger nicht an Bundestagswahlen teilnehmen: sonst könnten auch alle DDR-Bürger Briefwahl beantragen (der SPD wäre die Zweidrittelmehrheit sicher). – All das steckt hinter der Angst vor dem Kürzel BRD, und so versteckt man es lieber. Kaum zu glauben: Autofahrer mußten Strafe zahlen, wenn sie einen Aufkleber mit »BRD« auf dem Heck trugen.

So ändert sich sogar unsere Sprache, weil für konfliktgeladene Worte Ersatz gesucht wurde. Der Arbeiter erinnert an Proletarier und nennt sich nun Arbeitnehmer, obwohl er seine Arbeitskraft gibt und nicht nimmt. Aber Arbeitnehmer ähnelt Unternehmer. Die Beseitigung von

Atommüll heißt Entsorgung. Atomenergie klingt erschreckend wie Atombomben, Kernenergie nur wie kernige Haferflocken. Staatlich fragwürdige Aktionen werden in nicht verständliche, daher kaum angreifbare Worte verkleidet. Ein Beispiel: die beobachtende Fahndung. Fahndung heißt Handeln: nach Gesetzesbrechern suchen. Beobachten heißt Abwarten: einen Vorgang, ohne einzugreifen, zur Kenntnis nehmen. Die Worte widersprechen sich. Gemeint wird bei beobachtender Fahndung das fragwürdige Sammeln von Kenntnissen über Bürger, denen noch kein Strafverstoß vorgeworfen wird – die aber an politischen Demonstrationen teilnehmen und später einmal ins Fahndungsraster fallen könnten! Wer also Ofen und Pantoffeln verläßt und sein demokratisches Recht auf Demonstration, auf politische Willensäußerung wahrnimmt, gilt als potentieller Krimineller und wird dementsprechend behandelt. Orwell 1984!

Mit den Sprachveränderungen stärkt der Staat seine Position. Denn der Bürger erkennt, wo die Grenzen des Denkens gesteckt werden. Er übt Selbstzensur im Denken aus – dem Staat wird der Eingriff erspart. Dieser Vorgang trifft besonders diejenigen, die ihre Sprache beruflich einsetzen müssen: Journalisten, Publizisten, Schriftsteller. Denn je weniger geistige Unruhe geschaffen, je weniger der bestehende Zustand kritisiert wird, desto einfacher, perfekter läßt sich verwalten.

Nun gibt es in der Bundesrepublik immer noch zahlreiche Journalisten, die Aktionen des Staates mit kritischer Feder begleiten. Um deren Arbeit zu erschweren, mußte der Staat zu neuen Mitteln greifen, denn Zensur in der Form, daß Zeitungen vor der Drucklegung staatlich gebilligt werden müssen – oder nach Auslieferung verboten werden, erlaubt das Grundgesetz nicht. Artikel 5 Absatz 1 und 2 gewährleisten die Pressefreiheit. Jeder darf sich auch aus allgemein zugänglichen Quellen unterrichten. Neben der Meinungsfreiheit wird auch die Informationsfreiheit garantiert. Die Freiheit von Rundfunk und Film wird sogar besonders geschützt. Einschränkungen finden diese Rechte nur in den allgemeinen Gesetzen wie die gegen Verleumdung oder Beleidigung gerichteten. Diese Gesetze benutzt der Staat in zunehmendem Maße, um unliebsamen Journalisten oder gar Publikationen das Leben zu erschweren.

Wir können uns in der Bundesrepublik zwar nicht über den Mangel an Informationen beklagen, eine wahre Flut von neuen Ideen, Meldungen, Erkenntnissen bricht jeden Tag über uns herein, immer schneller werden wir über neue Sachverhalte unterrichtet, erfahren sie häufig »live« im Augenblick ihres Geschehens. Doch ein großer Teil dieser Nachrichten, wie etwa der Hotelbrand von Tokio oder das Fährunglück in Indien, von denen die Tagesschau gern berichtet, dienen uns nicht im täglichen Leben: sie füllen keine Wissenslücken, stellen keine Zusammenhänge her, betreffen uns nicht. Sie beantworten keine vorhandenen Fragen. Verlautbarungen werden uns vorgesetzt; diesen »Verlautbarungsjournalismus« treffen wir nicht nur in Funk und Fernsehen, sondern bis hinab in die Lokalzeitungen, in denen wir nur noch den Bürgermeister in allen Posen begutachten können – was aber wirklich in unserer Umgebung vor sich geht, erfahren wir nicht. Diese Leere versuchen seit Mitte der siebziger Jahre »Stadtzeitungen« zu füllen, die auch vor massiver Kritik an der Kommunalbürokratie und anderen Staatsautoritäten nicht zurückschrecken.

Mit Polizei- und Justizmaßnahmen versucht die plötzlich einer Kritik ausgesetzte Autorität die Blätter mundtot zu machen. Eine der erfolgreichsten und ältesten Stadtzeitungen mit fast fünfzehntausend Exemplaren Auflage

(1981), das BLATT erscheint alle vierzehn Tage und berichtet frisch über München, lebt von Kleinanzeigen und zieht schnoddrig die in den Lokalzeitungen hofierten Staatsautoritäten durch den Kakao: keineswegs bösartig. Doch als die den damaligen Ministerpräsidenten Goppel einen Weißwurschtpräsidenten nannte, kam die Staatsanwaltschaft; als sie eine Karikatur aus der französischen Zeitung Libération nachdruckte, die einen Molotow-Cocktail werfenden Langhaarigen zeigte, kam die Polizei. Vor den Redaktionsgebäuden fuhren vierzehn Tage lang Beobachtungswagen auf und notierten, wer ein- und ausging. Wagen von Redakteuren wurden verfolgt. Die Maßnahmen dienten nur der Einschüchterung. Solche verfeinerten oder auch sekundären Formen staatlicher Zensur gefährden die Existenz einer Publikation wie die des BLATTES in München. Als verständliche Reaktion auf die Polizeiaktion werden sich die Redakteure überlegen, ob sie in Zukunft nicht vorsichtiger mit ihrer Kritik sein sollten.

Der Redakteur einer Zeitung beschränkt sich selbst in seiner Meinungsäußerung, weil er eine Reaktion des Staates, die dieser auf Strafgesetze stützt, befürchtet. Wie Stadtzeitungen wegen eines einige tausend Mark verzehrenden Prozesses in den Ruin getrieben werden können, so fürchten auch Mitarbeiter großer Zeitungen und der öffentlich-rechtlichen Rundfunkanstalten den staatlichen Druck – und reagieren entsprechend.

Der Redakteur, Journalist oder gar freie Mitarbeiter einer Zeitung oder Zeitschrift hängt vom Wohlwollen seines Chefredakteurs oder Herausgebers ab. Es gibt leider Beispiele dafür, daß eine seriöse Zeitung Journalisten entläßt, weil deren Selbstzensur nicht entsprechend der politischen oder moralischen, traditionellen Auffassung des Verlegers und Unternehmers funktioniert. In der Bundesrepublik wurden in den letzten Jahren Fälle bekannt, wo renommierte Journalisten und Redakteure ihre Arbeitsstelle verloren, weil sie Meldungen und Kommentare veröffentlichten, die nach Meinung des bestimmenden Verlegers zu kritisch waren.

Von Entlassung bedroht – besonders bei der schwierigen Arbeitsmarktlage – übt ein kritischer Journalist Selbstzensur, reduziert seine Meinung, um seinen Job und damit seine Existenzgrundlage nicht zu verlieren. Seine Freiheit, die eigene Meinung zu äußern, beschränkt er auf das Privatleben.

Die meisten Redakteure, Journalisten und Autoren in der Bundesrepublik arbeiten jedoch bei Unternehmen, die frei vom Druck eines Verlegers sind, bei Unternehmen, deren Veröffentlichungen sich nur nach gesetzlichen Vorschriften richten: bei den öffentlich-rechtlichen Rundfunkanstalten. Redakteure haben hier eine sichere Existenz, ihnen kann wegen Meinungsverschiedenheiten mit einem Chef nicht gekündigt werden, die Existenz ruht auf einer festen Grundlage. Aber auch hier wird Selbstzensur geübt.

Der Grund liegt darin, daß die öffentlich-rechtlichen Anstalten faktisch von politischen Parteien kontrolliert werden, die darüber entscheiden, wer leitende Positionen in den Häusern besetzt. Redakteure, die in der Hierarchie eine Stellung einnehmen, von der aus sie weiter nach oben klettern wollen, Hierarchen, deren Vertrag verlängert werden muß, sorgen an ihrem Platz als Vertreter ihrer eigenen und damit auch anderer Interessen dafür, daß in dem von ihnen verantworteten Programm gewisse Schranken der Berichterstattung eingehalten werden. So versuchen die Parteien ein ihnen genehmes Programm zu beeinflussen. Es verwundert deshalb nicht, wenn etwa die Redakteure des WDR-Programmbereichs Politik Fernsehen als Folge dieser Situation im Mai 1976 den Beschluß faßten, Einspruch in Programmvorhaben solle sich nicht an »Tendenz- oder Geschmacksfragen orientieren«, sondern Absetzungen oder Änderungen dürften von oben nur gefordert werden, wenn Beiträge gegen gesetzliche Bestimmungen verstießen. Weshalb unterliegen wir dem Selbstzwang? Ein Briefschreiber beklagte, ihm flösse die Bezeichnung BRD nicht mehr aus den Tasten. Er fürchtet sich. Passieren kann ihm nichts, denn BRD zu schreiben, ist nicht verboten, aber die Angst vor nicht beschreibbaren Schwierigkeiten, die auf ihn zukommen könnten, lassen ihn sich beschränken. Was schadet es, BRD abzukürzen? Ähnliche Existenzängste veranlassen einen unkündbaren Journalisten, sich selbst zu zensieren. Nehmen wir den Fall einer größeren Redaktion beim Fernsehen oder beim Hörfunk, die jeden Tag sendet. Der Redaktionschef läßt erkennen, daß er Themen wie Berufsverbot, Sexualität, wilde Streiks oder Aktionen von Studenten ungern in seinem Programm behandelt. Will ein Mitarbeiter dieser Redaktion solche Themen dennoch in dieser Sendung unterbringen, so darf er Auseinandersetzungen nicht scheuen. Das wird er einmal, vielleicht zweimal – wenn es hoch kommt dreimal – versuchen, mit Erfolg oder nicht. Dann spätestens rasten die Gruppenmechanismen ein. Sein Chef wird ihn mit subtilen Mitteln isolieren, seine Kollegen, auch sie wie jedermann vom Wohlwollen des Vorgesetzten abhängig, werden auf ihn einwirken, bis er vor der Frage steht, weiter in der Redaktion nach den dort gesteckten Grenzen mitzuarbeiten, oder aber innerhalb des Hauses eine neue Beschäftigung zu suchen, die ihm kaum einer geben wird, der die Hintergründe kennt. Finanziell ist der Journalist abgesichert, aber existentiell isoliert.

Den Erfolg der Selbstzensur kann der Bürger jeden Abend beim Einschalten der Nachrichten erleben. Im Regionalfernsehen sieht er den Ministerpräsidenten eine Baustelle einweihen, in der Tagesschau geben Bundespolitiker Statements ab, die häufig vollkommen inhaltsleer sind oder sogar der Wirklichkeit widersprechen, doch gesendet werden müssen sie, weil der Einfluß der Parteien es verlangt: dem Politiker geht es nicht darum, eine Tatsache mitzuteilen, sondern eine Wirkung zu erzielen. Filme, die Betroffenheit herstellen – sei es über die Bauernproteste in Wyhl oder Brockdorf –, sei es über VW-Arbeiter in Bremen –, bietet das Programm kaum noch. Denn die Betroffenheit zeigt Zusammenhänge, Hintergründe, die der bestehenden Ordnung widersprechen. Sie könnten Unruhe erzeugen.

Jede Herrschaft formt ihre Sprache, ihre Kultur, ihre Art der Kommunikation, um ihre Machtposition zu stärken. Was wir in unserer Demokratie als Meinungsvielfalt sehen, ist häufig nichts anderes als ein zusammenhangloses Informationsüberangebot, das uns orientierungslos macht, da uns die Hintergründe fehlen. Im Fernsehen können wir eine Entwicklung zur »aktuellen Berichterstattung« erkennen, die keinen Platz für langfristig erarbeitete Hintergrunddokumentationen läßt.

Die Gehorsam erheischende Sprache, die Denksperren durch Worttilgungen, die Selbstzensur aus Furcht vor Druck erzeugen ein geistiges Klima von Gehorsam und Angst, die der »bürokratischen Despotie« erlaubt, die Stabilität des wirtschaftlichen und politischen Systems zu erhalten.

Deutsche Machthaber haben sich schon immer schwergetan im Umgang mit denjenigen, die Kopf und Feder benutzten. Wer ihnen das Hohelied nicht sang, war Pinscher, Ratte, Schmeißfliege. Oder gar Sympathisant: mit dieser Bezeichnung (auch wieder ein im Inhalt verdrehtes Wort) zogen zahlreiche Politiker einen Trennstrich zwischen Schriftstellern, Philosophen, Filmemachern und dem verunsicherten Publikum.

Verstärkt wurde die Verunsicherung durch die in einigen konservativ regierten Ländern erfolgte Streichung von Gegenwarts-Dichtern und Denkern aus Schullesebüchern. Ein Klima wurde erzeugt, das im Herbst 1977 sogar auf den liberalen SPIEGEL überschwappte: »Scharf wie nie stellte sich die Frage, ob es eine direkte Beziehung gibt zwischen Mord und Marcuse. Was akademisch vorgetragen worden war und Platz gelassen hatte für Deutungen und Dehnungen, diente nun zur konfusen Rechtfertigung tödlicher Gewalt, die sich als revolutionär ausgab.« Einen Beleg für diese weiß Gott unzulässige Behauptung legte der SPIEGEL nicht vor – ihn gibt es nicht. So werden kritische Intellektuelle zu »geistigen Terroristen« abgestempelt und aus dem gesellschaftlich-politischen Geschehen gedrängt. Mit der Folge: sie kämpfen nicht, sondern ziehen sich beleidigt zurück. Denn das Elend unserer Intellektuellen war schon immer, daß sie sich liebend gern nach dem Wort aus Auerbachs Keller richteten: »Ein politisch Lied – ein garstig Lied – ein leidig Lied.« Die unbewußte Selbstkontrolle hat den avantgardistischen Charakter unserer Kunst eingeschläfert. »Romane«, klagt nicht umsonst Verleger Dietrich Pinkerneil, »werden heute nur noch von promovierten Germanisten geschrieben. Da stimmt wenigstens die Kommasetzung.« Jedoch: In der als Gegengesellschaft wachsenden Alternative entsteht auch eine neue Kultur, die von der übrigen Öffentlichkeit nicht wahrgenommen wird. Dort Geschriebenes widerspricht Recht und Ordnung, wer ein Gedicht wie das folgende, anonyme goutiert, muß schon fürchten, zum Sympathisanten gestempelt zu werden:

Wir haben diese Häuser besetzt,
nicht nur, weil wir eine Vorliebe
für alte Gebäude haben,
sondern weil wir ein Bedürfnis haben
nach neuen Inhalten.

Nicht die Mauern interessieren uns,
denn das ist käuflich,
sondern was innerhalb der Mauern geschieht,
denn das ist nicht käuflich.

Ihr bietet uns neue Gebäude
wenn wir bei den alten Inhalten bleiben.
Was ist das für ein Geschäft!

Wenn wir bei den alten Inhalten bleiben
versprecht ihr, kommt alles ins Lot,
dann laßt ihr auch über Gebäude mit euch
reden.

Aber wenn wir auf neue Inhalte bestehen,
versprecht ihr, uns die Räude und die Pest
anzudichten.
Eure Helfershelfer werden Kriminelle aus uns
machen,
versprecht ihr, die man abführen kann.

Deshalb haben wir nicht nur Gebäude besetzt.
Wir haben Inhalte von Gebäuden besetzt.
UND INHALTE SIND UNVERKÄUFLICH.[30]

Unsere wirtschaftliche Wirklichkeit harmoniert mit der politischen so gut, daß sich der Glaube eingebürgert hat, die »soziale Marktwirtschaft« sei integraler Bestandteil der Verfassung. Diese Ansicht entstand durch die gemeinsame Geschichte beider. Mit der Gründung der Bundesrepublik wurde die soziale Marktwirtschaft eingeführt, dem politischen Erfolg eilte der wirtschaftliche so voraus, daß die Bundesrepublikaner bei Umfragen angeben, auf die Wirtschaft stolzer zu sein als auf das politische System. Da die CDU mit ihrem Wirtschaftsminister und kurzfristigen Nachfolger Adenauers, Ludwig Erhard, das wirtschaftliche Erfolgssystem einführte, erklärte sie ihre Politik mit der Marktwirtschaft identisch, und ihre eingängige Propaganda lautete: nur wenn Marktwirtschaft und Demokratie zusammenwirken, kann ein Zustand von Frieden und Wohlstand geschaffen werden. Zwar beweist Frankreich, das Jahrzehnte lang Planwirtschaft betrieb und erst Ende der siebziger Jahre versuchte, zur Marktwirtschaft überzuwechseln, daß eine Demokratie auch mit einem anderen Wirtschaftssystem Wohlstand und Frieden leisten kann – doch wer blickt schon zum Nachbarn?

Die Harmonisierung von Politik und Wirtschaft führte zu einem für Unternehmer und Arbeiter einmaligen Erfolg. Während die bundesrepublikanischen Unternehmen eine der stärksten Wirtschaftsmächte der Welt aufbauten, erhielt die Arbeiterschaft ohne die harten Kämpfe, wie sie in England, Frankreich oder Italien sehr viel fruchtloser ausgetragen werden, die höchsten Löhne und die beste soziale Absicherung im internationalen Vergleich der Industriestaaten. Mit dem Wachsen der Branchen organisierten sich besonders Dienstleistungsunternehmen wie auch Interessenverbände in bürokratischen Strukturen, was nach dem Parkinsonschen Prinzip wohl unerläßlich scheint. In der Bundesrepublik übernahmen diese wirtschaftlichen Bürokratien den Ton der Obrigkeit gegenüber den Kunden. Denn so läßt sich der ans Gehorchen gewöhnte Verbraucher einschüchtern – und manipulieren.

Fortschritt galt sowohl in Politik wie Wirtschaft als zündendes Zukunftsziel. Obwohl mit Prometheus schon bei den alten Hellenen eine mystische Figur den Fortschritt symbolisierte, erhielt dieser Begriff im Vergleich zu Frieden, Freiheit, Gerechtigkeit erst spät eine gesellschaftspolitische Bedeutung. Pax, libertas, justitia kennen wir als mehr oder weniger kitschige Steinfiguren vor den Tempeln der Staats- und Volksgewalten. Progressus dagegen hat weder Leidenschaften noch Hoffnungen in der Geschichte des Abendlandes ausgelöst. Erst mit René Descartes' rationaler Vernunft war der philosophische Grundstein für eine Denkmethode gelegt, aus der der Begriff eines unbegrenzten Fortschritts emporstieg. Descartes versicherte, nichts bliebe verborgen, nichts unerreichbar, wenn man seiner »méthode pour bien conduire sa raison, et chercher la vérité dans les sciences« folge.

Von der Wissenschaft befolgt, überstürzten sich Anfang des 19. Jahrhunderts die technischen Entdeckungen; von der Französischen Revolution beflügelt, erhielt der gesellschaftliche Fortschritt eine weltgeschichtliche Dimension. Freiheit, so beschied uns Hegel, sei »ein Fortschritt, den wir in seiner Notwendigkeit zu erkennen haben«; denn »Weltgeschichte ist der Fortschritt im Bewußtsein der Freiheit«.

Der technische Fortschritt des 19. Jahrhunderts – getrieben von dem Götzen des neuen Materialismus: Profit führte zur Industrialisierung, zu großen Reichtümern, aber auch zur Unfreiheit des Arbeiters. Doch in dem von wirtschaftlichem Fortschritt verursachten Elend der Masse sah Karl Marx »die Ursache allen Fortschritts«. Denn im Elend erfahre der Ausgebeutete die Klassenstruktur. Gesellschaftlicher Fortschritt im Bewußtsein der Freiheit sei nur durch das Erlebnis dieses Gegensatzes zu erreichen.

Auch die weitere Geschichte kennen wir: Gab es im 19. Jahrhundert außerhalb Europas und den USA weder Fortschrittsglauben noch -hoffnung, verbanden weder Chinesen noch Afrikaner einen Wert mit diesem Wort, so haben wir die ganze Welt inzwischen zum Fortschritt bekehrt. Ganze Völkerscharen folgten der Marxschen Dialektik, schrieben den »Fortschritt im Bewußtsein der Freiheit« auf ihre Fahnen. Bei ihnen herrscht seitdem der »reale Sozialismus«.

Wurden die großen Revolutionen des neunzehnten und anfangenden zwanzigsten Jahrhunderts im Namen des gesellschaftlichen Fortschritts begangen, so galt als Maßstab des Fortschritts bald nur noch das technische und wirtschaftliche Wachstum. Den wirtschaftlichen Fortschritt zogen die Gesellschaften als Beweis für gesellschaftlichen Fortschritt heran. Das spricht aus dem Satz Lenins, »Kommunismus – das ist Sowjetmacht plus Elektrifizierung des ganzen Landes«, Hitler begründete den Autobahnbau als gesellschaftlichen Fortschritt für den in die neue Volksgemeinschaft eingegliederten nationalsozialistischen Arbeiter, Deng Xiaoping, 1978 wieder an die Macht gelangt, verkündete, bis zum Jahr 2000 werde China den Westen wirtschaftlich einholen. So konkurrieren auch die beiden deutschen Staaten darum, wessen Gesellschaftssystem besser sei, und begründen es mit dem wirtschaftlichen Ergebnis.

Der wirtschaftliche Fortschritt führte zu wachsendem Wohlstand; mit den Forderungen der Französischen Revolution nach politischer Gleichheit der Bürger erkämpften Parteien und Gewerkschaften dem Bewußtsein der Freiheit größeren Raum und mit ihm der gerechteren Verteilung des Wohlstandes. Als der Wohlstand auch die Massen zu erreichen begann, waren sie bereit, in dem Wert Fortschritt nur noch Produktionssteigerung und Wachstum zu sehen und die Menschlichkeit aufzugeben. Denn Wachstum hieß feste Arbeitsplätze, steigende Löhne, mehr privater Verbrauch. Zwar erhob sich mit dem Bau, besonders aber dem Einsatz der Atombombe die Frage, ob der Mensch alles, was er technisch löst, ethisch vertreten könne – aber die Wasserstoffbombe wurde gebaut. In Amerika sieht man es als Fortschritt an, besonders auffallenden, unruhigen Schulkindern täglich eine dämpfende Pille zu verabreichen. Sie lernen ruhiger und werden besser auf den späteren Produktionsprozeß vorbereitet. Ein Individualist, wie der Komiker Werner Finck (sein Vater war Apotheker!), der aus allen Schulen flog, weil er wegen Fahrigkeit die gräßlichsten Zeugnisse erhielt, wächst unter solchen Verhältnissen nicht mehr heran.

Fortschritt bedeutete seit Beginn der Bundesrepublik an erster Stelle wirtschaftliches Wachstum, auch wenn Teile der CDU, besonders aber die Sozialdemokraten sich für gesellschaftlichen Fortschritt einsetzten. Doch der Marxsche Klassenkampf fand in der Bundesrepublik nicht statt, die Arbeiterklasse wurde durch eine sich modern gebende bürgerliche Gesellschaft aufgesogen und machte sich selbst zum Verteidiger des Prinzips von Leistung und Eigentum. Proletarische Kultur und Tradition verwarfen sie im Streben nach der bürgerlichen. Damit verlor die bundesrepublikanische Politik eine wesentliche Utopie im Kampf um die Verwirklichung von Freiheit und Gerechtigkeit. Klassenkämpferische Auseinandersetzungen, wie sie in Frankreich, England, Italien gang und gäbe sind, behindern eher eine harmonische gesellschaftliche Entwicklung, doch halten sie alte Arbeitertraditionen im politischen Bewußtsein. Die Art, wie sich die deutschen Gewerkschaften um immer noch vorkommende Fälle von menschenunwürdiger Behandlung besonders von Lehrlingen, Frauen und Gastarbeitern herumdrücken – und höchstens bürokratisch vorgehen –, zeigt, wie wenig Solidarität selbst bei der Arbeiterorganisation inzwischen gilt. Doch solche Fälle gelten heute als »Details«, hat doch die Assimilierung der Arbeiter, das Ende des Kampfes durch Abbau der Klassen, gesellschaftlichen Frieden und allen Wohlstand gebracht.

Mehr Freiheit für viele erzielten die von dem Motto »Gerechtigkeit« getragenen Reformgesetze der ersten Jahre SPD-Regierung. »Details«, wie die Unterdrückung der Frau, wurden zwar immer noch nicht geregelt, doch die soziale Befriedung führte zu einer weitgehenden gesellschaftlichen Sättigung. Randgruppen, da nicht sichtbar, durften vergessen werden. Die Sättigung wurde begünstigt vom Verschwinden der großen gesellschaftlichen Utopie. Nach den Studentenunruhen von 1968, nach dem verzweifelten Versuch, das bestehende System mit Terrorakten zu zerstören, blieb nur noch der Blick nach außen: auf den »real existierenden Sozialismus«. Er scheint uns, die wir im Wohlstand leben und »nur« von der indirekten bürokratischen Despotie, statt von einer offenen Diktatur des Funktionariats unterdrückt werden, als ein Rückschritt. Die uns von Karl Marx sichtbar gemachte Dialektik, aus dem Erkennen des Elends folge der Fortschritt, hat sich wirtschaftlich verwirklicht. Der Versuch, gesellschaftlichen Fortschritt durch den Kommunismus als Antithese zum ausbeuterischen Kapitalismus zu erlangen, scheiterte. Zum erstenmal seit den letzten vom Fortschritt geprägten Jahrhunderten scheint uns die Perspektive für einen gesellschaftlichen Fortschritt, scheint die konkrete Utopie zu fehlen.

Die gleiche Entwicklung erleben wir auf wirtschaftlichem Gebiet. Was die Diskussion um die Atombombe nicht schaffte, erreichten die Ölscheichs und die zur Zeit der ersten Energiekrise von dem Amerikaner Meadow veröffentlichte These von den »Grenzen des Wachstums«. Mit einem Mal erkennt die industrialisierte Welt, daß das Öl nur noch einige Jahrzehnte reicht, daß Rohstoffe nicht unbegrenzt zur Güterproduktion vorhanden sind. Blieben wir bei dieser Erkenntnis stehen, dann würde der wirtschaftliche Fortschritt an den bisher bekannten Ressourcen der Erde enden. So scheint uns plötzlich begrenzt und endlich, was Descartes als *unendlichen* Fortschritt versprach. Viele, von Zukunftsangst geplagte Menschen folgen dieser Gedankenkette. Dabei können technische Erfindungen uns noch unendlich lange über Engpässe hinwegführen – nur wissen wir eben nicht wohin: und das macht es uns schwer zu glauben, daß der wirtschaftliche Fortschritt nicht zu Ende ist.

In der Bundesrepublik nahm der Glaube an den wirtschaftlichen Fortschritt in der zweiten Hälfte der siebziger Jahre geschwind ab. Als Motto für den nächsten Zeitabschnitt der Weltgeschichte wird der Begriff »Stabilität«[31] geprägt. Stabilität bedeutet, wir werden zu keinen neuen Horizonten aufbrechen; ergaben sich aus dem Elend des Proletariats die sozialen Freiheitsutopien der Arbeiterbewegung, so wird der Wohlstand keine Antithese entwickeln, die sich mit der industriellen Gesellschaft reibt, um einen gesellschaftlichen Fortschritt zu erzielen. Nach dieser These werden wir mit der Wirklichkeit auskommen müssen. »Stabilität« schließt nicht aus, daß auch in anderen Ländern der Welt ein Zustand hergestellt wird, der an Wohlstand und Freiheit westlichen Industrieländern entspricht. Was Stabilität als »weltgeschichtlicher Zeitabschnitt« in der Bundesrepublik bedeutet, haben wir gesehen: die bürokratische Despotie.

Die These vom Ende des Fortschritts wäre aber nur richtig, wenn sich die Geschichte rational bestimmen ließe. Könnten wir mit den uns zur Verfügung stehenden materiellen Mitteln die »Details« der ungerechten Verteilung von Freiheit beseitigen, würden wir der Vernunft entsprechend handeln. Wenn jeder Bundesbürger auf eine Vernunftlinie einzuschwören wäre, ließe sich Stabilität mit noch zunehmendem Wohlstand herstellen. Vernunft wird zwar als Richtlinie der Politik beschworen, doch der Mensch ist – Gott sei Dank – zu irrational veranlagt, als nur rational handeln zu können. Als Beweis dient der Unterschied zwischen den beiden Generationen der Fünfzig- und der Zwanzigjährigen. Die Fünfzigjährigen erklären es für vernünftig, den materiellen Wohlstand zu sichern, die politische und wirtschaftliche Stabilität zu wahren – der Ist-Zustand gilt als der beste erreichbare Zustand (persönliche Verbesserungen ausgenommen): Sie richten den Staat entsprechend stark ein. Die Zwanzigjährigen – sie haben noch ein ganzes Leben vor sich – empfinden nur eins: die auf rein materielles Leben gegründete Stabilität bietet keinen Inhalt. Sie verweigern sich dem bestehenden Zustand. Daraus geht eine unsere Gegenwart revolutionierende Instabilität hervor.

Zeichen der Instabilität

Wenn wohlinformierte deutsche Wirtschaftsvertreter den Zustand der Bundesrepublik am Anfang des achten Jahrzehnts einem ausländischen Publikum schildern, entwerfen sie das Bild einer stabilen Wohlstandsgesellschaft. Der Kanzler – ein vorzüglicher Macher, die Gewerkschaften einsichtig, das soziale Klima solide, Inflation und Arbeitslosigkeit unter Kontrolle. Vielleicht blieb im Ohr die Schelte des Bonner Wirtschaftsministers hängen, die Arbeitsmoral der deutschen Arbeiter sei gesunken; um mit den Japanern konkurrieren zu können, müsse das Leistungsprinzip wieder einen höheren Wert erhalten. Doch im internationalen Vergleich klingt der Zustand unseres Landes beneidenswert.

Ein erstes Zeichen von Instabilität liegt allerdings schon in dieser Schilderung verborgen: die Abkehr vom Leistungswillen. Die deutschen Arbeiter haben sich nicht plötzlich zu »Faulpelzen« gemausert, sondern sie sehen weniger Sinn in der Leistung als bisher. Leistung gab ihnen materiellen Erfolg: hohe Löhne, gesteigert durch Überstundenzuschläge etc. Doch das waren die Fünfzigjährigen. Dem Leistungsprinzip schwor nicht die gesamte deutsche Arbeiterschaft ab, sondern nur der Nachwuchs. Die Alten halten diesen Wert noch hoch, während Umfragen zeigen, daß gerade in der jungen Generation Arbeit negativ beurteilt wird. An der Spitze derjenigen, die der Arbeit die kalte Schulter zeigen, stehen die 16- bis 20jährigen. Zeigten 1962 51 Prozent dieser Altersgruppe eine negative Einstellung zur Arbeit, so waren es 1972 schon 76 Prozent. Am liebsten seien ihnen die Stunden, in denen sie nicht arbeiten müßten, erklärten 62 Prozent der jungen Arbeiter.[32] Leistung erkennen sie immer seltener als gesellschaftlichen Wert an, da er nur materialistisch und nicht ideell begründet werden kann. Die im Wohlstand aufgewachsene Jugend aber sucht nach Selbstverwirklichung durch ideelle Werte. Rückzug ins Privatleben, ein *sinnvolles* Leben führen, ist den Jugendlichen in der Bundesrepublik wichtiger als Leistung, Erfolg und technischer Fortschritt. Nach ihren Lebensperspektiven befragte das Institut für Jugendforschung Ende 1979 einen repräsentativen Querschnitt der deutschen Jugend. Den Jugendlichen wurden einundzwanzig Aussagen vorgelegt, aus denen sie die ihnen zusagenden auswählen sollten. An die erste Stelle setzten sie: »Ich möchte Kinder haben und ein glückliches Familienleben führen« (67%). Daran schlossen an: »Mir bedeutet es viel, von anderen anerkannt zu werden«, »Für mich gehört zu einem sinnvollen Leben, daß man sich zurückziehen kann«, »Ich möchte meine schöpferischen Fähigkeiten weiterentwickeln« und erst dann – an fünfter Stelle – folgt die Aussage: »Für mich gehören Leistung und Erfolg zum Leben dazu.« Karriere wollen weniger als vierzig Prozent machen, fast genau so viele erklären, Mode sei ihnen weder bei Kleidung noch dem Auto wichtig, sie fürchten, der technische Fortschritt zerstöre unser Leben, sie haben Angst vor Atomkraftwerken, möchten Menschen in Not helfen und sich gern aufs Land zurückziehen. Diejenigen, die erklären, sich dem Leistungsdruck entziehen zu wollen, übertreffen an Zahl immer noch die Gleichaltrigen, die den technischen Fortschritt bejahen.

Auf die zukünftige Entwicklung der Bundesrepublik wird jene Gruppe unter den Jugendlichen einen größeren Einfluß ausüben, die aufgrund ihrer Ausbildung von den Befragern als »potentielle Führungsgruppe« bezeichnet wird. Gegenüber dem technischen Fortschritt hegen sie besondere Bedenken. Sie ziehen den Rückzug ins Private vor und haben das Bedürfnis nach Selbstverwirklichung: an erster Stelle lag der Wunsch, die schöpferischen Fähigkeiten weiterzuentwickeln. Erst an siebter Stelle bejahten sie Leistung und Erfolg. Die Leistungsansprüche der Gesellschaft lehnen 56 Prozent aller Befragten ab – ein Zuwachs um 19 Prozentpunkte seit 1973! In einem der die Umfrage begleitenden psychologischen Interviews begründete dies ein 24jähriger Student aus Hessen: »Ich werde dem Leistungsdruck nicht so stark nachgehen, wie viele andere Leute dies tun. Für mich geht das private Glück dem beruflichen Erfolg vor. Das heißt nicht, daß ich in meinem späteren Beruf keine Leistung zeigen werde, aber nur in gewissem Umfang.« Und eine 18jährige Oberschülerin aus Bayern: »Ich möchte versuchen, dem Leistungsdruck zu entrinnen, weil ich finde, daß man sich damit zugrunde richten kann. Leistungsdruck ist nicht nur ein Schlagwort, man sieht dies daran, daß psychiatrische Behandlungen zunehmen ... Wenn man aber im Beruf ist, ist es sehr schwierig, diesem Druck auszuweichen, man muß sich ihm stellen oder ganz aufhören.«

Entsprechend ihrer Einstellung zur Leistung senken die Jugendlichen ihre wirtschaftlichen Ansprüche. Weniger als die Hälfte wollen es weiter bringen als ihre Eltern. 1973 zielten danach noch fast drei Viertel.

Und mehr als zwanzig Prozent lehnen das Wirtschaftssystem in der Bundesrepublik ab, hinzu kommt eine kleine Gruppe Jugendlicher, die dem Konsum überhaupt abschwört. Diese fast fünfundzwanzig Prozent verdienen eine besondere Beachtung, weil sie sich durch besonders überzeugte Meinungsmacher auszeichnen. Ihre Ablehnung der konsumorientierten Marktwirtschaft geht jedoch nicht mit der Bejahung einer kommunistischen Planwirtschaft einher, sondern mit einer alternativen Lebenseinstellung. Sie wirken bedrückt, ziehen die Werte der Wohlstandsgesellschaft besonders in Zweifel, erklären sich skeptisch gegenüber dem Nutzen weiterer technischer Entwicklungen. Psychische Vereinsamung wird als Charakteristikum dieser Gruppe geschildert.

Selbst wenn eine Gemeinschaft wie die der Bundesrepublik um die achtziger Jahre nach außen das Bild einer stabilen Wohlstandsgesellschaft darbietet, können aufziehende Unruhe und Instabilität anhand gewisser Symptome vorhergesagt werden. Zu den Merkmalen aufziehender Unruhe zählen die Sozialwissenschaftler Kriminalität, Streiks, Bürgerinitiativen, Alkoholismus und steigende Selbstmordraten, Drogenmißbrauch, Vandalismus, sinkende Arbeitsmoral und »Aussteigen« von Jugendlichen. Daran gemessen bewegt sich die Gesellschaft der Bundesrepublik auf einen kritischen Punkt zu. Die Wirklichkeit sieht so aus:

Die Kriminalität Jugendlicher zwischen 14 und 17 Jahren stieg in den letzten fünfundzwanzig Jahren um 80 Prozent. Über 12000 Jugendliche bevölkern die Gefängnisse. Die Täter werden immer jünger, und die Kriminalität verbreitet sich von den Großstädten über die Kleinstädte bis auf das Land. Über 40000 Heranwachsende jährlich stehen vor dem Jugendrichter. Der Vandalismus hat rapide zugenommen: etwa 30000 Telefonzellen werden pro Jahr sinnlos zertrümmert, Automaten aufgebrochen, Autos oder städtische Anlagen zerstört. Die Zahl der Alkoholiker stieg von 1950 200000 auf 1976 1,5 Millionen, zehn Prozent davon – also 150000 – sind Jugendliche. Schon 24 Prozent der Dreizehnjährigen trinken regelmäßig Bier und Wein – 42 Prozent der Vierzehnjährigen, 50 Prozent der Sechzehnjährigen. Vielen reicht der Alkohol nicht, sie greifen zur Droge: 1979 sechshundert Rauschgifttote.

Selbstmord zählt zur zweithäufigsten Todesursache unter 15- bis 20jährigen, die tägliche Psychopharmaka-Dosis beruhigt auch die deutschen Kinder. Sozialer Abbruch gilt nicht mehr als Sonderfall: Kinder laufen fort, ziehen bei den Eltern aus (etwa 80 000 Jugendliche leben in Wohngemeinschaften), brechen die gesellschaftlichen Beziehungen ab. Der ehemalige Berliner Wissenschaftssenator Peter Glotz, der sich besonders um die Situation der Jugend sorgt, schätzt, daß zehn bis fünfzehn Prozent aller Studenten aus dieser Gesellschaft »aussteigen« – also Hundertfünfzigtausend.

Diese Tatsachen sind bekannt, werden aber vom Großteil der Gesellschaft oberflächlich abgetan. Faulheit, Interesse- und Disziplinlosigkeit wirft man diesen Jugendlichen vor, obwohl sie eher von dem Gefühl von Sinn- und Orientierungslosigkeit geplagt werden. Selbst die politischen Jugendverbände sehen diese Anzeichen von Instabilität kaum, denn sie richten sich an den Erfordernissen der politischen Klasse, der »bürokratischen Despotie« aus. Kämen junge Politiker nicht direkt von dem Seminar ans Rednerpult des Bundestages, sondern lebten sie erst einmal mit offenen Augen unter dem Volk, würden sie vielleicht eine andere Politik fordern. Immerhin hat sich die Alternative in der Bundesrepublik zu einer echten Gegenkultur entwickelt, die wachsenden Zulauf hat. In West-Berlin hat sich schon eine Alternativszene gebildet, die alle Lebensbereiche umfaßt, so daß ein Alternativler letztens stolz erklärte, er habe seit drei Jahren keinen Kontakt mit der »Außenwelt«. Vom alternativen Brotladen, der alternativen Zeitung, dem alternativen Ärztekollektiv über die alternative Kneipe und das alternative Kino hin zum alternativen Job. Alles ist vorhanden. Sogar eine Alternativ-Bank »Netzwerk Selbsthilfe« schüttet Millionen an Bürgerinitiativen und Handwerkskollektive aus: allerdings funktioniert sie nicht nach dem Profit-Prinzip. »Netzwerk Selbsthilfe« versteht sich als »Fonds für politische und alternative Projekte« und fördert nur solche Vorhaben, die alternative Lebens- und Arbeitsformen mit demokratischer Selbstverwaltung verbinden. Das Geld stammt von gutverdienenden, progressiv denkenden Bürgern, unter ihnen Joseph Beuys und Bernt Engelmann, die von zwei Berlinern aufgefordert worden waren, etwa ein Prozent ihres Nettoeinkommens abzugeben, »um Leuten in sozialen und beruflichen Notlagen ihre schöpferische Chance zu geben«. Im Herbst 1980 hatten sich schon über 4500 Beitragszahler gefunden, so daß über 50 000 Mark monatlich in die Selbsthilfekasse einflossen. Nicht alle Darlehen der Alternativ-Bank müssen getilgt werden: Besetzer leerstehender Häuser in Berlin-Kreuzberg erhielten einen nicht rückzahlbaren Zuschuß von 30 000 Mark für das Instandsetzen der vergammelten Räume.

Beunruhigt wird die politische Klasse davon nur bei Wahlen: als die Politiker feststellten, daß bei den Landtagswahlen Ende der siebziger Jahre dreißig, vierzig Prozent der Zwanzigjährigen den bestehenden Parteien die Legitimation verweigerten, entweder grün wählten oder sich gar nicht erst zur Wahl aufmachten, entstand Nachdenklichkeit. Doch da alle Parteien gleichermaßen von dieser Verweigerung betroffen werden, das politische Gleichgewicht nicht einseitig verrutscht, geht die Sorge nicht allzu weit. Damit begehen die bundesrepublikanischen Politiker einen groben Fehler. Zwar werden sie, gestützt auf die Macht der bürokratischen Despotie, noch Jahrzehnte den Status quo weiterverwalten können, doch mit jedem Jahr wird die Zahl derjenigen Jugendlichen wachsen, die aus Mangel an Orientierung und fehlendem Lebenssinn die Stabilität der Gesellschaft bedrohen: Noch werden sie nicht wahrgenommen, weil sie passiv bleiben.

Wenn sie eines Tages lernen, politisch zu handeln, stehen den Herrschenden gewaltige Konflikte ins Haus. Und sei es, die Alternative stecke mit ihrer Verweigerung solch große Teile der Gesellschaft an, daß die zur Aufrechterhaltung des Konsumwohlstands notwendige Produktivität nicht mehr geleistet werden kann.

Jugend ohne Orientierung, ohne Ideal

Orientieren heißt, von einem Standpunkt aus Richtung und Entfernung anderer Positionen zu erkennen und danach das eigene Handeln zu bestimmen. Diese Orientierung bietet eine funktionierende Gesellschaft ihren Mitgliedern durch die Moral. Moral ist nichts Göttliches, wie Jahrhunderte lang gepredigt, sie liegt auch nicht im Inneren des Menschen, wie Moralisten es gern vermuten. Moral ist ein System von Handlungsregeln, die das Verhalten des einzelnen in seiner Gesellschaft bestimmen. Sie legen fest, wie man sich im jeweiligen Fall verhalten muß: »Gut handeln heißt gut gehorchen.«[33] Die Moral bündelt all jene Normen und Ideale, die das Zusammenleben in einer Gemeinschaft regeln, so daß wir selbstverständlich handeln, wenn wir moralisch handeln; denn die »Moral ist der Bereich der Pflicht, und die Pflicht ist eine vorgeschriebene Handlung«.[34]

Die Moral einer Gesellschaft und ihre Ideale können einem Volk nicht künstlich eingepflanzt werden, sie wachsen mit und durch die gemeinsame Geschichte der in einem Volk zusammenlebenden Menschen. In der ersten Hälfte des 20. Jahrhunderts haben sich die deutsche Gesellschaft und ihre Ideale erheblicher und schneller gewandelt als in mehreren Jahrhunderten zuvor. Zur Zeit des Kaisers galt es als vernünftig, Vaterland, Ruhm, Ehre,

Deutschtum als gemeinsames Ziel zu verfolgen, woraus eine Reihe von Regeln für das tägliche Leben abgeleitet wurde. Das Ganze führte zu einem großen Krieg, zu dem sich selbst die ausgebeuteten Proletarier bereit fanden und dem Kampf gegen den Klassenfeind Aufschub gaben, um sich mit dem Erbfeind zu schießen. Vaterland vor Freiheit – rufen wir uns noch mal Heine ins Ohr! Die Begriffe änderten sich nach der Niederlage, weil in der veränderten Gesellschaft andere Ideen mehr Gewicht erhalten sollten. Da war plötzlich die Rede von Ideen, die das Gegenteil der bisherigen Werte verkörperten: Demokratie, Gleichheit, Freiheit. Viele der alten Symbole wurden ihrer emotionalen Schale entkleidet, und es blieb kein rationaler Inhalt. Die neuen Werte hatten Mühe sich durchzusetzen, so stark wirkten die alten nach.

Wenn die Gemeinschaft Moralregeln aufstellt, so muß sie ihnen auch Autorität verleihen. Die Autorität, die dem heranwachsenden Staatsbürger die Ideale einprägen soll, muß nicht eine institutionelle Gewalt sein, es reicht, daß der Jugendliche daran glaubt, daß das Wertsystem für die Gesellschaft kollektiv bindend ist. Solange die Menschen in der Bundesrepublik gemeinsam am Wiederaufbau arbeiteten und der Antikommunismus sie in Angst vereinte, war die staatliche Autorität nicht anzuzweifeln. Das geschah erst in den Jahren um 1968, als die Jugendlichen den Muff von tausend Jahren unter den Talaren entdeckten. Jede Gesellschaft entwickelt sich weiter, mit ihr wandelt sich der Moralbegriff – und die Autorität. Das aber wollten gerade die nicht einsehen, die sich Autoritäten nannten und Privilegien zu verlieren hatten. So kam es zu der von den Jugendlichen provozierten Revolte, die sich antiautoritär nannte. Was hatte sich den Jugendlichen offenbart? Da wurden Ideale wie Freiheit, Menschenwürde, Frieden angepriesen, doch die erlebte Wirklichkeit widersprach häufig diesen Zielen. Klagte der Westen den Osten der Unmenschlichkeit an, da er andere Völker unterdrückte, so zettelte die CIA Revolutionen in Persien, Südamerika, Vietnam an, die Hunderttausenden von Menschen Unterdrückung, Folter, Tod brachten – begründet wurde dies mit dem Kampf gegen den Kommunismus und war in Wirklichkeit Verteidigung von Machtsphäre und Absatzmärkten. Kampf gegen den Welthunger zeigten die ganzseitigen Anzeigen der kirchlichen Hilfsorganisationen, doch die Waffenverkäufe in die ärmsten aller Länder lagen höher als jede humanitäre Hilfe.

Nun verliert die Moral in Zeiten des Verfalls der Autorität ihre disziplinierende Eigenschaft wenigstens auf einigen Gebieten. Dann kann ein anderes Element die Gemeinschaft zusammenhalten und motivieren, zum Beispiel das Bedürfnis nach einem gemeinsamen Ziel, nach dem man sich ausrichten kann, die Suche nach einer Utopie, die man anstrebt. Dieses Ziel hieß für kurze Zeit in der Bundesrepublik »mehr Demokratie wagen« und »für eine menschlichere Gesellschaft« arbeiten. Viele Jugendliche, die ihre Aggressionen gegen die Gesellschaft gerichtet hatten – denken wir nur an die Hunderttausende, die in Demonstrationszügen mitmarschierten und auch Pflastersteine warfen –, fanden sich bereit, auf allen Gebieten aktiv an der Verwirklichung dieser Utopie mitzuarbeiten. Dabei verwundert es nicht, daß sie Berufe ergriffen, die mit der Umsetzung ihrer Utopie zu tun hatten. Aber die Perspektive, an der man einige Jahre gearbeitet hatte, verschwand. Zwar waren die Jugendlichen der antiautoritären Phase zum erheblichen Teil durch den Berufsprozeß in die Gemeinschaft eingegliedert. Doch für die nachwachsende Generation hieß das Motto nun »mehr Staat wagen«, nicht zu neuen Ufern will man ziehen, sondern das Bestehende festklopfen.

Was aber bleibt dem jugendlichen Deutschen? Ein Dreiländervergleich stellte fest: gerade die deutschen Jugendlichen seien hochgradig verunsichert, ihnen fehle es im Gegensatz zu englischen und französischen Heranwachsenden an Orientierungshilfen. Die gleiche Untersuchung[35] wirft aber auch Licht auf die Ideale der Jugendlichen: anders als bei den jungen Menschen in England und Frankreich wird bei den Deutschen »Eigentum« als höchster Wert genannt. Bei Engländern und Franzosen herrschen Werte vor, die aus der eigenen Geschichte erklärbar sind: Ruhm, Stolz auf das eigene Land. Dagegen hat die Bundesrepublik die deutsche Vorgeschichte beseitigt. Während französische Schulkinder die Tricolore verehren lernen, die fast zweihundert Jahre alte Revolution wie vorgestern feiern und selbst der konservative Bürgermeister von Paris am Jahrestag des Sturms auf die Bastille eine vom Fernsehen übertragene Massenveranstaltung mit dem Lied »Ça ira« beginnen läßt, dessen revolutionärer Inhalt jedem deutschen Bürgermeister den Angstschweiß unter die Achsel triebe, verzichtete aus vermeintlich gutem Grund die Bundesrepublik auf Vaterland, Ruhm und Ehre. Doch sie besann sich auch nicht auf die (magere) demokratische Tradition. Die zu nahe Geschichte des Dritten Reichs, an der viele mitgewirkt hatten, ließ Väter gegenüber Söhnen schweigen. Kein Wunder, daß uns eine nationale Identität fehlt, wie es sonst nur bei Entwicklungsländern vorkommt.[36] Nach Vaterland, Ruhm, Ehre, Deutschtum, nach dem Umweg über den Übermenschen zu dem Angebot von Freiheit, Gleichheit, Brüderlichkeit ist geblieben: das Streben nach Eigentum. Das also ist die Idee, die die Fünfzigjährigen den Jugendlichen anbieten als Abbildung dessen, was sie selber denken. Dahin erziehen sie Nachkommen: für einen Beruf möglichst geeignet zu sein, möglichst viel Geld zu verdienen und möglichst großes Eigentum bilden. Das Streben nach Besitz bedeutet Konkurrenz mit denen, die der gleichen Idee folgen. Egoismus ist das Ergebnis. Nicht gemeinsames Handeln im Interesse des Kollektivs, in dem sie leben, sondern Befriedigung des eigenen persönlichen und damit amoralischen Ziels.

Einen Zerfall des geistigen Umgangs und möglichen Rückfall in die Barbarei sieht der Pädagoge Hartmut von Hentig in dieser Entwicklung. »Wir nehmen die Notwendigkeit und Nöte der gemeinsamen Formen des Erkennens und der gemeinsamen Regeln des Handelns nicht mehr dort wahr, wo sie gemeistert werden können.«[37] Ideelle Gemeinsamkeiten finden wir nur noch im äußeren Feind, etwa der Roten Armee oder den Terroristen. Aber: Ein Volk ist nur frei ohne Feinde. – Nach innen strebt jeder für sich nach Eigentum.

Was es für einen Jugendlichen, der vor dem Eintritt ins Berufsleben steht, bedeutet, das Eigentum als Ziel vor Augen zu haben, lehrt uns das Land, in dem das Eigentum schon sehr viel länger als in der Bundesrepublik ein Ideal ist, allerdings nicht so ausschließlich. In den USA gibt es gerade bei den jugendlichen Schwarzen Probleme der Identitätsfindung. Probleme, die sich genau so äußern wie in der Bundesrepublik: steigende Kriminalität, Zunahme von Selbstmorden, Gewalttätigkeiten und Unlust zu arbeiten. Weil Eigentum das Ideal sein soll, richten die Jugendlichen ihre Erwartungen so ein, wie ihnen der Erwerb von Eigentum vorgelebt wird.

In den USA noch stärker als in der Bundesrepublik lernen die Heranwachsenden nicht mehr von den Eltern, daß Arbeiten heißt: Erwerb von Eigentum als Lohn für Leistung. Werbung in Funk, Fernsehen, Kino und Illustrierten spiegeln jedem eine Welt vor, die ihm Eigenheim mit Schwimmbad und blonder Frau (auch als Besitzobjekt) versprechen. Da die Werbung dieses Angebot nicht mit einer vorher zu erbringenden Leistung und harter Arbeit verbindet, wird auch der Traum davon nicht belastet. Zwar wissen wir, wie schwer es ist, dem Scheinbild der Werbung auch nur nahezukommen, doch ein Jugendlicher, der eine Zukunft projiziert, ohne wirkliche Maßstäbe zu besitzen, sieht sich diesem Bild sehr viel näher. In den Vereinigten Staaten hat dieser Zustand bewirkt, daß fast jeder zweite jugendliche Schwarze arbeitslos ist. Niedrige Arbeiten will er nicht mehr verrichten, denn damit wird er sein Ziel nicht erreichen. Sich hochdienen bedeutet Anstrengung. Dann kann man auch gleich von der Sozialfürsorge oder von Einbrüchen leben.

Ähnliches scheint sich in der Bundesrepublik zu entwickeln. Während das Bekenntnis vom Eigentum im Gegensatz zu englischen und erst recht französischen Jugendlichen von den Deutschen sehr viel heftiger ausgesprochen wird, liegen sie bei der Bejahung der Leistung an letzter Stelle. Welchen Wert Eigentum darstellt, erleben die Jugendlichen täglich nicht mehr aus der Werbung, sondern auch in ihrer direkten Umwelt. Es heißt nicht mehr cogito, ergo sum – wie es Descartes ausdrückte, sondern eher possedo, ergo sum. Nicht das Denken, sondern das Haben wird zur Begründung der menschlichen Existenz. Diesen Widerspruch akzeptieren die Jugendlichen nicht mehr. Eigentum zu schaffen ist ein persönliches Ziel. Persönliche Ziele aber können nicht Inhalt der gesellschaftlichen Moral sein. Müssen wir also feststellen, daß die Gesellschaft in der Bundesrepublik nur von einer minimalen Eigenmoral geprägt ist, die ein möglichst konfliktfreies Zusammenleben ihrer Mitglieder erlaubt, daß aber darüber hinausgehende vereinende Ideale nicht zu erkennen sind? Die Analyse läßt kein anderes Ergebnis zu. Doch damit eine Nation »wirklich moralisch gesund sei«, meint Emile Durkheim, »genügt es nicht, daß sich die Allgemeinheit ihrer Mitglieder genügend weit von Attentaten, Totschlägen, Diebstahl und allen möglichen Betrügereien entfernt hält. Selbst eine Gesellschaft, in der sich der Tausch friedlich und ohne jeden Konflikt vollzieht, die aber nichts weiter hat, hätte nur eine ziemlich mäßige Moralität«.[38]

Leider prägt solch mäßige Moralität das Leben in der Bundesrepublik. Eine Gesellschaft jedoch, die der Jugend keine Ideale mehr bietet, als Ziel nur das Eigentum kennt, es jungen Menschen nicht ermöglicht, Persönlichkeiten zu werden und eine Identität zu finden, diese Gesellschaft ist keine humane Gesellschaft.

Programmierte Brüder

Kapitalistische BRD = sozialistische DDR

Die letzten zwei Jahrhunderte veränderten den Ablauf von politischem Geschehen wesentlich dadurch, daß zum einen weitgehend alle Bürger den Zugang zur politischen Macht erhoffen konnten, daß zum anderen Politik zu einer kulturellen Auseinandersetzung darüber wurde, welchen Sinn wir unserem Leben geben, wie wir es einrichten wollen, welche Werte, welche Ideale vor anderen stehen sollen. Die Geister spalteten sich: Im Namen der Freiheit riefen die einen zur Verteidigung des Kapitalismus auf, im Namen einer anderen Freiheit kämpften die Brüder für den Sozialismus. Beider Ideal wirkt heute noch so stark, daß – trotz der Sinnkrise – noch viele Menschen bereit wären, für den Kapitalismus wie auch den Sozialismus in den Krieg zu ziehen, obwohl das Wort Un-Sinn nirgends exakter zutrifft als für solch ein Opfer.

Denn das um sich greifende Gefühl von Sinnlosigkeit des Lebens kennzeichnet nicht nur die gesellschaftliche Entwicklung der Bundesrepublik, es beschränkt sich auch nicht auf die westlichen Partner, die fortgeschrittenen Industriestaaten, noch kann es als ein von zerfallendem Kapitalismus zeugendes Symptom bezeichnet werden. Die gleichen Merkmale gesellschaftlichen Unwohlseins beunruhigen auch die DDR, die Ostblockstaaten, den Sozialismus. Die Ursache für die verwandtschaftliche Evolution finden wir im Absterben des inhaltlichen Gegensatzes von Kapitalismus und Sozialismus. Der Sinn, den Kapitalismus und Sozialismus als Lebensordnung ihrer

Gesellschaft versprachen, schmolz unter den veränderten wirtschaftlichen und gesellschaftlichen Zuständen des späten zwanzigsten Jahrhunderts.

Wenn BRD und DDR sich dennoch bis zu den Zähnen bewaffnet gegenüberstehen, so rührt dies nicht aus ideologischem Kampf her, sondern aus Propagandabedürfnis. Ein Feindbild muß erhalten bleiben. Da positive Ideale fehlen, um politische Entscheidungen zu begründen, müssen negative Drohungen aushelfen.

Klären wir das Bild von DDR und BRD von den Kübeln ideologischen Schmutzes, den sich die Brüder und Schwestern haßerfüllt hinüber- und herüberkippen, dann erkennen wir, wie sich die Strukturen von Bundesrepublik und DDR in den letzten Jahren annäherten. Angefangen von der Sozialistischen Einheitspartei (DDR) und der Staatlichen Einheitspartei (BRD) über ähnliche Formen der Legitimierung, verwirklichte in beiden Staaten eine privilegierte Politikerklasse die despotische Bürokratie mit der gleichen Begründung, die nur noch heißt: Stabilität.

Die Lage der Arbeiter hat sich unter dem reformerischen Kapitalismus der BRD sogar besser entwickelt als unter dem realen Sozialismus der DDR. Im Gegenteil haben wir gelernt, daß die Enteignung der Produktionsmittel nicht unbedingt zur Befreiung des ausgebeuteten Arbeiters führt. Die Entfremdung im volkseigenen Betrieb ist nicht geringer als bei Volkswagen, der von ihnen geschaffene Mehrwert entgeht den DDR-Arbeitern noch genauso wie denen von Krupp. In beiden deutschen Staaten erleben wir eine parallele Entwicklung, die von den gleichen geschichtlichen Bedingungen ausgelöst wird.

Der Verlust der Ideale kann in beiden Staaten beklagt werden. Leistung und Eigentum als Markenzeichen des Kapitalismus interessieren die Zwanzigjährigen, die besonders Ideale für die Identitätsfindung brauchen, nicht mehr. Und der reale Sozialismus hat den Bürgern der DDR die Selbstbestimmung des Menschen nur wenig näher gebracht. Ohne Ideale bleiben auch die Politiker, die nach dem Ende inhaltlicher Politik nur noch zu bürokratischer Verwaltung fähig sind.

Und da DDR- und BRD-Politiker von den gleichen Denkstrukturen geprägt sind – man lese nur die Biographie Erich Honeckers –, da ihre Einschätzung von Ordnung, Gehorsam und Freiheit aus den gleichen Traditionen entspringen, organisieren sie ihre Staaten (entsprechend den technischen Möglichkeiten) ähnlich: der eine ausgehend vom Signum des demokratischen Kapitalismus, der andere unter dem Banner des realen Sozialismus. Gemeinsam werfen sie sich vor, den anderen ideologisch zu bedrohen, obwohl die Wirklichkeit westlich wie östlich der Mauer gleich aussieht: je eine von der Bürokratie programmierte Gesellschaft. Wäre die DDR technisch so weit entwickelt wie die Bundesrepublik, hätte sie den Computerstaat zur Perfektion eingerichtet.

Erschien der Kapitalismus an seinem Beginn als Gegensatz zwischen herrschender Bourgeoisie und ausgebeuteter Arbeiterklasse, so stehen sich diese beiden Klassen heute nicht mehr kämpferisch gegenüber. Als »Neuer Klassenkampf« (Ulrich Lohmar) droht die Auseinandersetzung zwischen herrschender Klasse der Politbürokraten und dem übrigen Volk. Erschien im Sozialismus die Diktatur des Proletariats notwendig als Übergangsphase zum Kommunismus, in dem der Mensch seine Selbstbestimmung findet, entwickelte sich die Partei, die zur Utopie führen sollte, zu einer Klasse von Politbürokraten, die über das Volk herrscht. In beiden Systemen gibt es nur zwei Möglichkeiten politischer Betätigung. Entweder man dient der Macht oder man zieht sich ins Privatleben zurück, ein Weg, dem immer mehr folgen. In DDR wie BRD nahm die Fluchtbewegung der Jugend zur gleichen Zeit zu. Beide Länder klagen über eine unverständliche Zunahme von Selbstmorden Jugendlicher, die das Leben als sinnlos bezeichnen.

In der Form ihrer Herrschaftsausübung unterscheiden sich DDR und BRD, im Ergebnis finden sie sich wieder. Übt die DDR offene Zensur, bewußt empfundene Unterdrückung aus, so herrscht bei uns Selbstzensur, unbewußt empfundene Unterdrückung. Ein Beispiel: der Liedermacher Wolf Biermann darf in der DDR weder im Fernsehen auftreten noch werden seine Werke gedruckt oder Platten verkauft. Im West-Fernsehen löste Biermann bei Journalisten Selbstzensur aus und ist tabu, seit er in einer Sendung an die Nazi-Vergangenheit von Bundespräsident Carstens erinnerte. Und in bayerischen wie auch rheinland-pfälzischen Schulbüchern darf er (wie auch viele andere) nicht abgedruckt werden. Hüben wie drüben hält man Wolf Biermann für ein Unheil – hie wie da wird er, zwar mit unterschiedlichen Mitteln, aber gleicher Wirkung zensiert.

Auch in der außerparlamentarischen Opposition gleichen sich Ost- und West-Deutschland. Ihr Wunsch nach Änderung kennt als gleiches Ziel: Abschied von der zentral gesteuerten Parteienbürokratie hin zu einer menschenwürdigen Basisdemokratie. So war der logische Schritt für den DDR-Bürokratiekritiker Rudolf Bahro nach seiner Abschiebung in die BRD nicht etwa der Eintritt in eine etablierte Partei, sondern der Weg zu den »Grünen«, zur alternativen Neuen Opposition.

Die alten Ideen haben sich verbraucht, und auch die alten Vorstellungen vom politischen Handeln zerbröckeln. Bisher waren wir gewohnt, daß eine Opposition sich zur Wahl stellt, versucht, die parlamentarische Mehrheit zu erringen und einmal an der Macht ihre Vorstellungen verwirklicht. In traditionell-politischem Denken läßt sich als andere Form der Machterringung nur die Revolution mit Waffengewalt vorstellen, Gedanken, wie wir sie in den Köpfen von rechts- und linksradikalen Terroristen finden. Die Neue Opposition in der Bundesrepublik (und anderen »bürokratischen Despotien«) wählt weder den einen – noch den anderen Weg. Daß eine Revolution à la Sturm auf die Bastille in der Bundesrepublik unmöglich ist, hat den Umsturzträumern spätestens die Erfolglosigkeit der Terroristen in den siebziger Jahren bewiesen. »Was nützt es denn, mittels einer Revolution die derzeitige Bürokratie zu zerschlagen? Nichts, gar nichts nützt das. Es entwickelt sich ja doch wieder eine neue Bürokratie, und die ist bestimmt noch schlechter als die alte«, meint András Hegedüs[39], ehemaliger ungarischer Premierminister und heute führender Dissident in Budapest. Dieses auf den Ostblock bezogene Argument trifft auch auf den Westen zu und erklärt, weshalb der Weg durch die Parlamente der hinter der Neuen Opposition stehenden Idee widerspricht.

Wer die despotische Bürokratie ablehnt, kann sich nicht ihrer Mittel bedienen, um sie abzuschaffen. Das politische Verhalten der Neuen Opposition entspringt ihren neuen Werten, ihren anderen Inhalten, ihrem Selbstverständnis und ihrer »Nicht-Organisierung«. Denn die Neue Opposition besteht aus kleinen, weitgestreuten Gruppen, in denen eine Spur phantasievoller Anarchismus und Spontaneität sich vereinen. Drei Hauptströmungen läßt die Bewegung erkennen: *Bürgerinitiativen*, deren Mitglieder Entscheidungen bürokratischer Institutionen umkehren wollen, ohne das bürokratische System ganz in Frage zu stellen; die *Ökologen*, die mit zaghaften parteipolitischen Versuchen in einige Landtage einzogen, ohne aber Parteistrukturen und das Gehabe der politbürokratischen Klasse annehmen zu wollen, weshalb ihr parlamentarischer Ausflug bald wieder ein Ende finden dürfte; schließlich die *Alternativen*, die ganz aus dem Leben der programmierten Gesellschaft aussteigen, als Tu-nix, als Spontis, als Mitglieder von Wohnkollektiven, Landkommunen, selbstorganisierten Druckereien, Theatergruppen ...

So unterschiedlich ihre Gruppenziele und -aktionen auch sind, die Mitglieder der Neuen Opposition werden von der gleichen Lebensvorstellung, von dem gleichen Kulturbegriff geleitet: das konkret erfahrbare menschliche Dasein rückt in den Mittelpunkt. Die Prinzipien und Werte der bürgerlichen Leistungsgesellschaft interessieren genau so wenig wie die Frage, wozu man etwas tut. Wozu wird abgelöst von Wie und Was. Die Politik wird nicht mehr rein ökonomisch interpretiert, vergessen die Enteignung als Erlösung der deutschen Arbeiter. Unternehmer können aufatmen! Das Leben und die Aktionen der Neuen Opposition beschränken sich auf das Übersehbare, auf lokale, höchstens regionale Bereiche. Denn nur solange die Gruppen klein bleiben, können ihre Mitglieder Bedürfnisse austauschen, sprechen und zuhören, ihr Leben besteht nicht nur aus Mitsprache, »sondern auch aus Mitschöpfung« (Robert Jungk). Sie verwirklichen die *neue Sinnlichkeit*, von der Herbert Marcuse uns kündete. Welche Lust am Dasein die Anhänger der Alternative empfinden, läßt ihre Alternativpresse erkennen. Hier wird eine neue Sprache geschrieben, die von Gefühl und Humor geprägt ist. Statt der französisierten *Merde* des bürgerlichen Autors in der hygienischen Gesellschaft wird in der Alternative wieder von *Scheiße* gesprochen – mit allen Druck- und Kommafehlern. Hier wird gesprochen und geschrieben, wie man denkt – von Selbstzwängen, Selbstzensur ist nichts zu spüren.

Wer aus der Kälte der bestehenden Gesellschaft in die Alternative kommt, flieht ein Leben, das er als sinnlos empfindet. Seine Flucht ist erst einmal unpolitisch. Er versucht nicht, an der Entwicklung seiner Gesellschaft mitzuarbeiten – weil es nicht geht. Doch was bei einem einzelnen als unpolitisches Handeln erscheint, wird zur politischen Bewegung, wenn eine große Menge Menschen ihm folgt. Mit der Massenflucht in die Alternative drücken Tausende von jungen Leuten aus, daß die despotische Bürokratie zu stark ist, als daß sie noch von unten reformiert werden könnte.

Deshalb verweigern sie sich der Alten Welt und bauen eine Neue Umwelt auf. Und mit der *Großen Weigerung* erhält ihre ursprünglich unpolitische Flucht eine politische Dimension, die Anfang einer neuen sozialen Bewegung sein könnte.

Im Sommer 1980 zeigte die Fast-Revolution in Polen, wie einfaches Verweigern eine Staatsbürokratie umstürzen kann. Nicht die traditionellen Mittel wie Demonstrationen, Straßenkampf, nicht die Läufe der Gewehre haben eine Änderung gebracht, sondern die disziplinierte Verweigerung der Arbeit. Diese Situation läßt sich übertragen auf die Verweigerung durch die Neue Opposition in der Bundesrepublik. Im Gegensatz zu den polnischen Arbeitern kann die deutsche Alternative sich keine soziale Bewegung nennen. Doch wie einst zu Beginn der industriellen Gesellschaft das Proletariat sich durch kleine Aktionen, Streiks, Grüppchen unterschiedlicher Ansichten zu einer großen sozialen Bewegung zusammenfand, wird auch die Neue Opposition diesen Wachstumsprozeß durchmachen können; denn mit jeder neuen Generation wächst ihr Rekrutierungsfeld, wenn die bürokratische Despotie sich nicht bereitfindet, auf das Bedürfnis nach Basisdemokratie einzugehen.

Umfaßt die Alternative nicht ein- oder zweihunderttausend Bürger, sondern ein oder zwei Millionen, einigen sie sich auf spontane Aktionen wie die Weigerung, Steuern zu zahlen, den Anweisungen der Bürokratie nachzufolgen, beginnen sie Forderungen zu stellen wie Abschaffung des Beamtentums, Wählbarkeit von Richtern oder Behördenchefs – wie es in den USA bereits üblich ist –, bauen sie ein eigenes Informationssystem auf, dann wird allein ihre Anwesenheit, der von ihnen ausgehende kulturelle Druck so stark, daß der bürokratische Staat reagieren muß. Vermutlich wird er Wege der Anpassung suchen, denn – auch das hat Polen 1980 gelehrt – genauso wenig, wie man einen Amtmann durch eine Revolution stürzt, kann der Amtmann ein sich verweigerndes Volk zum Zustimmen zwingen.

Die Revolution durch Verweigerung unterscheidet sich von den Zielen früherer Revolutionen: die Alternative kämpft nicht für ein zukünftiges Paradies auf Erden, sie will die herrschende Klasse nicht durch die Diktatur der Alternative ablösen. Die Neue Opposition will nur alte Werte durch neue ersetzen: damit verändert sich der Ablauf gesellschaftlichen Geschehens von selbst.

Zukunftsrezepte

Rezepte bieten Zukunftsforscher, die Philosophen der Technologen und Bürokraten, an, und sie meinen den Lauf der Ereignisse vorhersehen zu können. Ihre Blicke in die Kristallkugel haben sich schon häufig, wenn überhaupt nachgeprüft, als Kaffeesatzleserei entpuppt. Genau so wenig, wie sich Zukunft planen läßt, kann man Rezepte für die nächsten fünfzig Jahre anbieten. Der Lauf der Geschichte zeigt sich allemal stärker. Was von den Vorhersagen des Karl Marx hat sich verwirklicht? Mögliche, rational nicht vorhersehbare historische Umstände wie Krieg und Wirtschaftszusammenbrüche können die Entwicklung einer jeden Gesellschaft binnen weniger Monate umleiten, wie es unsere eigene Vergangenheit gelehrt hat: die wichtigsten Umwälzungen brachten die Daten 1871, 1918, 1945.

Ein Krieg, der unser Leben entscheidend beeinflußt, braucht nicht mehr in Europa stattzufinden. Die plötzliche Schließung aller orientalischen Ölquellen durch einen anhaltenden panarabischen Kampf stürzt uns nach sechs Monaten in eine kaum überwindbare Energiekrise. Die weltpolitische Schwächung der Vereinigten Staaten kann zu solch einer Stärkung Europas führen, daß eine bundesrepublikanische Regierung sich gezwungen fühlen kann, wider jede Vernunft und bessere Einsicht an militärischen Abenteuern außerhalb der NATO teilzunehmen.

Wenn wir davon ausgehen, daß keine als Katastrophen einzuschätzenden Episoden die Bundesrepublik heimsuchen, dann ergeben sich eine Anzahl notwendiger Änderungen, um der bürokratischen Despotie den Garaus zu machen. Die Parteistrukturen müssen aufgebrochen werden, das Berufsbeamtentum durch einen leistungsorientierten öffentlichen Dienst ersetzt, die Bürgermitsprache ausgedehnt, die Klasse der Berufspolitiker aufgelöst werden. Der Bürokratie, die sich selbst als *Staat* begreift, sollten wir den Purpur der Despoten entreißen; die Verwaltung kann man nicht einfach »abschaffen«, doch sie muß lernen, daß nicht alle Menschlichkeit der Perfektion geopfert werden kann. Vielleicht müssen auch wir Bürger umdenken und nicht jede Lösung, jede soziale Garantie vom Staat verlangen, sondern den materialistischen Egoismus, der zum Einzelmenschen führt, aufgeben und kollektive Verantwortung übernehmen: und zwar kostenlos. Was in der Alternative durch die Bildung von Wohnkommunen ausgedrückt wird, der Wunsch nach einer kommunikativen Großfamilie, sollte in jeder normalen Gemeinde, in jedem Straßenzug, in jedem Häuserblock üblich sein. Würde die Vereinsamung, die Vereinzelung nicht aufgehoben, wenn es wieder Brauch würde, daß Nachbarn einander helfen, Alte und Kranke nicht sofort ins Heim, Kinder nicht den ganzen Tag in die Kinderkrippe geschickt würden? Hunderte solcher Maßnahmen kann man als Rezepte verkaufen, doch sie senken nur das Fieber, ohne den Bazillus zu töten.

Nicht die Strukturen heißt es zu ändern, sondern das Denken, aus dem eben diese Strukturen hervorgehen. Erst wenn die Deutschen ihre Werte neu ordnen, werden sie eine andere Wirklichkeit erhalten. Die Ängste gilt es zu überwinden, besonders die Furcht vor der eigenen Freiheit und erst recht die vor der Freiheit der anderen.

Kein Ende der Geschichte

Zukunftsrezepte sind begehrt, denn sie machen dem Menschen das Leben leicht. Er braucht nicht nachzusinnen, es reicht, die richtigen Zutaten zu mischen und die vorgeschriebene Kochdauer einzuhalten. Er braucht nicht nachzudenken und trägt anschließend auch keine Verantwortung, denn wenn es nicht gemundet hat, dann reicht die Ausrede: »Ich habe ja nur nach dem Rezept von Soundso gekocht.« Da in einer Demokratie jedoch jeder einzelne nicht nur für sein Tun und seine versalzene Suppe zur Rechenschaft gezogen wird, sondern jeder auch mitverantwortlich ist für den Zustand der Gesellschaft, sind Zukunftsrezepte, absolute Vorgaben von Ergebnissen, autoritär und undemokratisch. Man kann nur auf Wege zeigen, Ziele anvisieren, aber nicht den endgültigen Zustand beschreiben, so als kenne man das Paradies. Der Endzustand wäre das Ende der Geschichte, das schon allein deshalb nicht vorhergesagt werden kann, da keiner die Zukunft kennt. So wie 1985 – als Michail Gorbatschow in der Sowjetunion an die Macht kam – niemand ernstgenommen wurde, der das Ende des Kalten Krieges voraussah (was die Welt völlig veränderte), so kann auch heute niemand sagen, ob es wirklich zum Zusammenstoß der Zivilisationen kommen wird, wie ihn der Harvard-Professor Samuel P. Huntington vorhersieht, oder ob seine Kritiker recht behalten, für die eher der weltweite Verteilungskampf zwischen Arm und Reich droht. Oder aber schwappt der irrationale Nationalismus aus Ost- und Südosteuropa zurück in den Westen, so als gebe es da nichts Neues?

Seit »Freiheit, die ich fürchte« 1981 erschienen ist, hat sich einiges geändert. Positionen haben sich sogar von links nach rechts und von rechts nach links verschoben. Während die Alternative durch die Bildung von Wohngemeinschaften für die Zukunft den Wunsch nach einer kommunikativen Großfamilie ausdrückte und den materialistischen Egoismus verdammte, treten heute die, die sich links, progressiv, wie auch immer nennen, für den Individualismus ein und verdammen die Idee eines Lebens für die Gemeinschaft, weil sie darin einen unerwünschten Zwang vermuten. Konservative dagegen haben die Gemeinschaft entdeckt. Wurde in den siebziger Jahren die Bürokratie ausgeweitet, schlagen jetzt Ministerpräsidentinnen wie Heide Simonis vor, den Beamtenstaat zu verringern und das Leistungsprinzip auch in der Beamtenschaft einzuführen. Einige Städte wie Köln gehen damit voran. Sogar der konservative Bundesinnenminister Manfred Kanther veröffentlichte im Frühjahr 1995 Vorschläge, wonach fleißigen Beamten Leistungsprämien gezahlt werden sollten. Schließlich führen die Parteien – ganz sanft – mehr Demokratie ein, indem sie bei manchen Personalwahlen die Mitglieder per Abstimmung befragen. Dennoch: »Nicht die Strukturen heißt es zu ändern, sondern das Denken, aus dem eben diese Strukturen hervorgehen.« Nur die Vernunft kann den Weg zeigen.

Die Zukunft müssen sich alle gemeinsam erarbeiten, so will es die Demokratie. An diese Überlegung schließt das Buch »Der Ehrliche ist der Dumme« an. Für beide Bücher waren die Gedanken von Emile Durkheim in »Erziehung, Moral und Gesellschaft« ein wesentlicher Anstoß. Und es bleibt dabei, was die letzten Worte in »Freiheit, die ich fürchte« besagen: »Erst wenn die Deutschen ihre Werte neu ordnen, werden sie eine andere Wirklichkeit erhalten.«

Anmerkungen

1 In den »Noten und Abhandlungen zu besserem Verständnis des westöstlichen Divans«, im Kapitel »Nachtrag«, zit. nach Gert Kalow: »Hitler – das deutsche Trauma«, München 1974, S. 32.
2 Heinrich Heine: »Romantische Schule«, 1. Buch, in: Beiträge zur deutschen Ideologie, Frankfurt/M.-Berlin-Wien 1971, S. 133 f.
3 Volker Hauff: »Sprachlose Politik«, Frankfurt/M. 1979, S. 28.
4 Hauff, ebenda, S. 27.
5 In einem Gespräch mit dem Autor, gesendet in MONITOR am 28. 4. 1975.
6 Zit. nach Peter Koch und Reimar Oltmanns: »SOS – Freiheit in Deutschland«, Hamburg 1978, S. 104.
7 Urs Schwarz: »Die Angst in der Politik«, Düsseldorf-Wien 1967, S. 13.
8 Karl Jaspers: »Die geistige Situation der Zeit«, Berlin 1965, S. 56.
9 Erich Fromm: »Furcht vor der Freiheit«, Zürich 1945, S. 256.
10 Zit. nach Hauff, S. 31.
11 Zit. nach Hauff, S. 30.
12 Zit. nach Hauff, S. 33.
13 Thomas Mann: »Betrachtungen eines Unpolitischen«, Berlin 1918, S. 230 f.
14 SPIEGEL, 31. 12. 1979, S. 41.
15 Martin und Sylvia Greiffenhagen: »Ein schwieriges Vaterland«, München 1979, S. 65.
16 Hauff, S. 18.
17 EXTRADIENST, 1. 6. 1976.
18 Rudolf Bahro: »Die Alternative«, Köln-Frankfurt/M. 1977, S. 290.
19 Hauff, S. 13.
20 Ulrich Lohmar: »Staatsbürokratie«, München 1978, S. 129.
21 ZEIT-Magazin 1977, zit. nach Lohmar, ebenda S. 97.
22 Zit. nach Wilhelm Steinmüller »Kursbuch 56«, Berlin 1979, S. 193.

23 MONITOR vom 20. 10. 1975.
24 Ulrich Sonnemann: »Der mißhandelte Rechtsstaat«, Köln 1977, S. 167.
25 Greiffenhagen, S. 106.
26 Walsken in: »Die Neue Gesellschaft«, August 1979.
27 Hans Wallow in: Frankfurter Rundschau, 30. 9. 1980.
28 Greiffenhagen, S. 369.
29 »Fingerzeige für die Gesetzes- und Amtssprache«, Hrg. von Ulrich Daum, Wiesbaden, 10. Auflage 1980, S. XI.
30 Tageszeitung (taz), 9. 9. 1980.
31 Klaus Scholder: »Dialektik des Fortschritts oder der Übergang zur Stabilität«, in: Frankfurter Allgemeine Zeitung 14. 7. 1979.
32 Greiffenhagen, S. 240 f. Siehe auch: »Die Einstellung der jungen Generation zur Arbeitswelt und Wirtschaftsordnung 1979«, Institut für Jugendforschung, Markt- und Meinungsforschung, Hamburg 1980.
33 Emile Durkheim: »Erziehung, Moral und Gesellschaft«, Neuwied-Darmstadt 1973, S. 78.
34 Durkheim, S. 77.
35 »Jugend in Europa – Ihre Eingliederung in die Erwachsenenwelt«, Hrg. vom Jugendwerk der Deutschen Shell, o. O., 3 Bände, hier Band 1, S. 21.
36 Greiffenhagen, S. 40.
37 Frankfurter Allgemeine Zeitung, 25. 8. 1978.
38 Durkheim, S. 68.
39 SPIEGEL, 25. 8. 1980, S. 103.